Markus Koch

Göttinger Kneipengeschichten

Beat, Buff und Bier

Wartberg Verlag

Bildnachweis
Umschlagvorderseite: Ute Karasch (Foto oben), Karsten Lohmann (kleines Bild oben), Dieter Jarchow (Foto unten), Andrea Richter (kleines Foto unten); Umschlagrückseite: Dieter Jarchow.

Innenteil:
Städtisches Museum Göttingen: S. 6, 7, 9, 10, 16, 23, 25, 27, 35, 38, 40 o., 41, 46, 48, 51, 57; Viktor Hagedorn: S. 8; Sammlung Walter Leidig: S. 12, 22, 24 u., 26 u., 39, 40 u., 42, 60, 72, 73; ullstein bild – Jazz-Archiv Hamburg S. 13; ullstein bild – Horstmüller S. 15; Dieter Jarchow: S. 17, 18, 24 o., 44, 45; Sammlung Otto-Hendrick Wilken: S. 20 o./u., 21; Hans-Joachim Gärner: S. 26 o., 36; Angelika Campos de Melo: S. 28, 34, 47, 62, 75; Karsten Lohmann: S. 30, 31, 69; Harry Krause: S. 32, 37; Bernd Lünser: S. 43, 65, 66; Ute Karasch: S. 50; Ulrich Grote: S. 53; Andrea Richter: S. 55; Stefanie Brandt-Hölz: 56; Tilman2007, CC BY-SA 4.0, via Wikimedia Commons: S. 59; Udo Prußeit: S. 61; Bernd Dietrich: S. 70, 71; Dehio, CC BY-SA 4.0, via Wikimedia Commons: S. 76; Kresspahl (Diskussion) 18:44, 17. September 2009 (UTC), CC BY-SA 4.0, via Wikimedia Commons: S. 78 o.; Kresspahl (Diskussion) 18:36, 17. September 2009 (UTC), CC BY-SA 3.0, via Wikimedia Commons: S. 78 u.

Danksagung
Es hat mir sehr viel Freude bereitet, mich mit den vielen Zeitzeugen zu treffen und durch sie ein Stück unvergessene Geschichte in diesem Buch wiederzugeben. Ihnen gilt mein Dank, ebenso wie meinem Sohn, für den ich aufgrund der Arbeit an diesem Buch an der ein oder anderen Stelle nicht so da sein konnte, wie ich es mir gewünscht hätte.
Zu nennen sind:
Gunnar Caddick, Karsten Lohmann, Ute Karasch, Walter Leidig, Geelke Verbeck, Bernd Lünser, Angelika Campos de Melo, Wolfgang Richter, Alexander Köhler, Reinhard Mollus, Ulrich Grote, Carsten Hoffmann, Manfred Sohn, Udo Prußeit, Frank Gödecke, Viktor Hagedorn, Hans-Joachim Gärner, Georg Beume, Dirk Weitemeyer, Ulrich und Christiane Wiese, Klaus Faber, Stefanie Arndt, Oliver Schröer, Sigrid Dahmen, Joe Pentzlin, Bernd Dietrich, Kristina Jarchow, Dieter Locke, Frank Lüttger, Emin Uysal, Albi Bührmann, Katharina Walsdorff, Peter Ozanik, Hermann Schulz und Milo Mirfatah.

1. Auflage 2024

Layout und Satz: Christiane Zay, Passau
Druck: Druck- und Verlagshaus Thiele & Schwarz GmbH, Kassel
Buchbinderische Verarbeitung: Buchbinderei S. R. Büge, Celle

34281 Gudensberg-Gleichen, Im Wiesental 1
Telefon: 0 56 03-9 30 50
www.wartberg-verlag.de
ISBN 978-3-8313-3558-9

Inhalt

Ein Wort vorab

Viele Lebenserinnerungen sind mit Kneipenbesuchen verknüpft. Einige Studenten der Universität Göttingen traf man häufiger in der Kneipe als im Hörsaal an. Wichtige Erkenntnisse für das Studium und das allgemeine Leben wurden am Tresen gewonnen. Bei manchen waren es Freundschaften und bei einigen sogar die Liebe fürs Leben, die in der einen oder anderen Kneipe gefunden wurden. In Göttingen gab es ein überaus reges Nachtleben, und so verwundert es nicht, dass aus der Zeit vom 18. bis zum beginnenden 20. Jahrhundert zahlreiche Legenden kursieren. Viele davon überdauerten bis heute. So soll das Wort „Nassauern" für uneingeladenes Mittrinken und Mitessen seinen Ursprung in Göttingen haben. Dieses Buch über die Göttinger Kneipenszene ist somit ein Ausflug in die jüngere Kulturgeschichte einer typisch deutschen Universitätsstadt.

Im Zweiten Weltkrieg blieb die Göttinger Innenstadt von den Bomben der Alliierten größtenteils verschont. Von den 1960er- bis in die 1990er-Jahre bildeten die urigen (und manchmal muffigen) Kellerkneipen der Altstadt das perfekte historische Setting für ein beispielloses, weitschweifiges und farbenfrohes Nachtleben. Von diesen traditionellen Kult-Kneipen haben bis heute nur wenige überlebt.

Anfang der 70er-Jahre konnte man mit dem Auto sogar noch bis vor die Kneipentür fahren. Schlossen die außerhalb der Altstadt gelegenen Lokale aufgrund der Sperrstunde am Abend ihre Türen, ging es danach in spontan gebildeten Fahrgemeinschaften weiter in die Innenstadt. Die heillos überfüllten VW Käfer, Enten oder NSU Prinzen parkten entweder auf dem Wilhelmsplatz oder sie fanden eine Lücke direkt vor dem Eingang einer der zahlreichen Kultkneipen. Zuvor drehte man häufig mit dem Auto eine Runde ums Gänseliesel, was heute bekanntermaßen nicht mehr möglich ist.

Auf dem Weg in die Innenstadt konnte es zu unschönen Überraschungen kommen, denn Göttingen war ein Zentrum der RAF-Sympathisanten. Einst eine Hochburg der Nazis, entwickelte sich die Stadt Ende der 60er-Jahre zu einem Zentrum linker Aktivisten. Nächtliche Polizeikontrollen waren in dieser Zeit praktisch an der Tagesordnung, weshalb sich Kneipenbummler regelmäßig vor streng blickenden und schwer bewaffneten Beamten auszuweisen hatten. Letztere erkannten jedoch recht schnell, dass es sich bei den skurrilen Gestalten um feiernde Menschen und nicht etwa um Terroristen handelte. Um die oft langwierigen Kontrollen zu umgehen, musste man sich spontan absprechen. Der „Buschfunk" funktionierte über Tankstellen, Bushaltestellen und Telefone mit Wählscheibe.

Wie es sich für eine ordentliche Kneipentour gehört, werden wir uns aber zu Fuß bewegen. Unsere Kneipentour beginnt in der Stadtmitte direkt am Gänseliesel unterhalb des Alten Rathauses im Alten Ratskeller und endet nach weit mehr als 100 Stationen in und um magische und historische Lokale im Nörgelbuff, einem weiteren legendären Flaggschiff des an Geschichte und Geschichten so reichen Göttinger Nachtlebens. Zum Abschluss gehen wir aus den ehemaligen Stadtmauern heraus und besuchen noch einige Kneipen außerhalb des Walls.

In der Innenstadt

Alter Ratskeller

Als Opposition zum linkspolitischen Milieu in Göttingen gab es einige Verbindungsstudenten, die bis in die 70er-Jahre im Ratskeller den Brauch des Bullerjahn zelebrierten. Das ist übrigens der Grund, warum einer der ältesten Ratskeller Deutschlands seit nun etwas mehr als zehn Jahren diesen Namen trägt. Bereits Heinrich Heine, dem ansonsten kaum etwas an Göttingen gefiel, lobte den Ratskeller für sein köstliches Bier, weil es aus Einbeck und nicht aus Göttingen kam. Wenn er gewusst hätte, dass Verbindungsstudenten später den Ratskeller in Beschlag nehmen würden, hätte er diese Gaststätte sicherlich nicht so positiv hervorgehoben.

Doch was ist das für ein Brauch und wie ist er entstanden? Im ausgehenden 19. Jahrhundert luden die Menschen für etwas größere Feiern eine Musikkapelle ein. Da Göttingen Garnisonsstadt war, gab es neben der Stadtkapelle eine Militärkapelle. Diese beiden damaligen „Partymacher“ stritten sich um die Gunst der Zuhörer. Das Stadtorchester wurde von 1886 bis 1890 von Rudolf Bullerjahn geleitet, während die Militärkapelle vom adrett gekleideten „schönen Meyer“ dirigiert wurde. Die Verbindungen nutzten den Wettstreit der zwei Kapellen für ihr eigenes Machtspiel: Sie sympathisierten mit jeweils einem der Orchester und sangen Spottlieder zuungunsten der Konkurrenz. Im Bullerjahn-Lied werden beide Kapellmeister besungen. Bis in die 70er-Jahre

Die Studentenverbindungen gehörten in den Göttinger Kneipen dazu. Typisch für die 60er-Jahre ist die Musikkapelle im Hintergrund.

Eine Studentenverbindung feiert im Ratskeller, Ende der 60er-Jahre.

sangen alle Verbindungsstudenten dieses Lied jeden Freitag im Ratskeller. Die immer stärker werdenden Proteste gegen diese Männerbünde, innere Streitereien sowie ein Pächterwechsel im Ratskeller ließen die über einige Jahrzehnte bekannte Göttinger Tradition ein Ende finden.

Neben diesem wöchentlichen Ritual gab es weitere wiederkehrende Veranstaltungen wie z. B. am Sonntagvormittag den Blasmusik-Frühschoppen und zu bestimmten Anlässen den Bauernball.

Die Kneipen am Markt

Ein weiterer Keller befindet sich am Kornmarkt 9, wo sich in den 70er-Jahren die Rakete, in den 80er-Jahren das Musikcafé Cha Cha und in den 90er-Jahren das Can Can befunden haben. Die Rakete war mit Lavalampen ausgestattet und das Cha Cha wurde Kneipe mit Kies genannt, da vor dem Tresen Kies auslag. Tagsüber waren vor allem die Milchshakes mit frischen Früchten sehr beliebt und lockten viele Schüler in das Lokal. Dienstags gab es den Altbierabend, am Mittwoch, Freitag und Samstag verwandelten DJs die Kneipe in ein Tanzlokal. Wer schnell eine alkoholische Wirkung erleben wollte, musste nur eine Cha-Cha-Bombe bestellen. Ohne Cha-Cha-Bombe setzen wir unsere Kneipentour fort, und zwar nur ein paar Meter weiter in den nächsten Keller.

Am Markt 8 gibt es mit dem Lokal Kreuzgang einen der schönsten erhaltenen Keller in Göttingen. Er wurde erst Anfang der 80er-Jahre entdeckt und freigelegt. Im Mittelalter als Kreuzgratgewölbekeller erbaut, wurde er später als Kloake genutzt und geriet in Vergessenheit. In dieser ehemaligen Kloake etablierte sich in den 80er-Jahren eine der beliebtesten Kneipen in der Innenstadt.

Café Gartenlaube

In direkter Nachbarschaft befindet sich die Gartenlaube, eine Kneipe, die bis heute existiert. Sie wurde in dem damals komplett neu errichteten Gebäude mit einer alten Holzeinrichtung im Jugendstil von Gerrit von Baumbach eröffnet. Seine Kneipe im neuen Viertel sollte „alt" aussehen. Dieses Konzept ging auf und in den 80er- und 90er-Jahren war die Gartenlaube so beliebt wie der Kreuzgang in der Nachbarschaft. Oft vermischten sich die Gäste beider Lokalitäten auf dem Platz vor den Eingangstüren. Die Theke stammt aus Berlin und die Vertäfelung an den Wänden und der Decke besteht aus alten Lärchenholz-Türen.

Der Kneipenname Gartenlaube bezieht sich auf eine Familienzeitschrift aus den 20er-Jahren, der Zeit des Jugendstils. Im Oktober 1997 übernahm Viktor Hagedorn die Gaststätte. Seit 1998 gibt es keinen Taxistand mehr vor der Tür, dafür stehen seitdem bei gutem Wetter Tische und Stühle vor der Gartenlaube. Im Jahr 2000 hat Viktor die Räumlichkeiten zum Innenhof hin erweitert und verfügt über zwei Biergärten, einen nach vorne und einen nach hinten.

Die Gartenlaube hatte einige berühmte Gäste. Für die ehemalige Bundestagspräsidentin Rita Süssmuth wurde die Kneipe sogar früher geöffnet, denn sie kam regelmäßig vor den Öffnungszeiten mit ihrem Bodyguard, um in der Gartenlaube in aller Ruhe einen Milchshake zu trinken und ein Croissant zu essen. Erst nach ihrem Besuch wurde die Kneipe für alle anderen Gäste geöffnet. Der ehemalige Verteidigungsminister Sigmar Gabriel soll bei einem Besuch gesagt haben: „Hier hat sich nichts verändert, es sieht noch immer so aus

Der beliebte Außenbereich vom Café Gartenlaube.

Die „Scharfe Ecke“, Johannisstraße/Papendiek, ca. 70er-Jahre.

wie zu meinen Studienzeiten.“ Von Baumbach hat nach der Gartenlaube in den Räumen der ehemaligen Kronenpassage das Schucan und Alfredo sowie in der Lange-Geismar-Straße das Meyers eröffnet.

Scharfe Ecke

Weiter geht's in die Zindelstraße, wo es in der Nr. 5 die Gaststätte Zum Braunen Hirsch und in der Nr. 2 das Café Zindelhaus gab. Letztgenanntes war ein Café für anspruchsvollere Klientel und sehr vornehm eingerichtet. In diesen Räumlichkeiten entstand die Kneipe Villa Cuba. Wir gehen ein paar Meter zurück und bewegen uns hinter dem Alten Rathaus die Johannisstraße hinunter. Direkt am Johanniskirchhof stieß man in den 70er-Jahren auf den Göttinger Hof. Am unteren Ende der Johannisstraße kommen wir rechts zur „Scharfen Ecke“, wie diese Gegend früher gerne genannt wurde. Anfangs befand sich hier der Fidele Bauer und später folgten Caribe, Luxor und Zum Andreas. Heute kennen wir das Lokal als Fürst Bismarck. Es wird von „Bosi“ Weiß betrieben.

Gegenüber dem Fürst Bismarck war das Lokal Arthur Schmidt im Papendiek 9, das für lange Zeit Hegemann hieß. Im Papendiek 7 gab es die Nakis-Klause, später Gaststätte Zur Altstadt genannt.

Im Papendiek 28, auf der anderen Straßenseite, befand sich über einige Jahrzehnte der Dortmunder Rauchfang (später nur Rauchfang genannt), dessen seitlicher Durchgang als düstere Kulisse einer Verfolgungsjagd beim Göttinger „Tatort“ diente. Die Gaststätte war damals für ihre Bratwürschtl auf Kraut bekannt, die auf Zinntellern serviert wurden. In den 90er-Jahren zog Rosi's Kleine Kneipe für ein paar Jahre hier ein, bevor sie vom Bismarck-Stübchen abgelöst wurde. Gegenüber der heute sehr beliebten Pizzeria Fellini an der Ecke von Papendieck 1 und Groner Tor befand sich das Auditorium Minimum.

Auditorium Minimum

In den 60er-Jahren hat sich keine Gaststätte dauerhaft im Papendiek 1 gehalten. U.a. gab es die Bierklause, die Gaststätten Zur Kleinen Tanzdiele und Oase. Eine Kneipe soll etwas ausführlicher beleuchtet werden, das Auditorium Minimum. Es existierte zwar nur für kurze Zeit, doch einige Zeitzeugen können sich gut an diese Kneipe erinnern. Sie wurde von Claus Theo Gärtner betrieben, bekannt als Matula aus der Krimiserie „Ein Fall für Zwei". Er kam in den 60er-Jahren nach Göttingen und übernahm mit dem Bühnenbildner des Deutschen Theaters die Gaststätte, nachdem sich die bisherigen Pächter mit der Kasse aus dem Staub gemacht hatten. Welche politische Ausrichtung die Gaststätte hatte, zeigte sich nachts um 1 Uhr - Sperrstunde in Göttingen! Da auf die Polizei und ihre Kontrollen Verlass war, wurde im Auditorium Minimum, einem Kneipentreffpunkt des SDS (Sozialistischer Deutscher Studentenbund), vor der Sperrstunde die Internationale abgespielt.

Der Name Auditorium Minimum passte der Göttinger Brauerei als Eigentümer gar nicht. Ihr wäre „Zwitscherstuben" lieber gewesen. Doch Gärtner und sein Kollege setzten sich durch. Das war nicht der einzige Grund, warum die Brauerei die beiden neuen Pächter so schnell wie möglich loswerden wollte. Es zeigte sich nämlich, dass die Männer nicht auf Profit aus waren; sie wollten einfach Spaß haben. Das Bier war bei ihnen günstiger als in anderen Gaststätten. Wer den Ausschank übernahm, erhielt Freibier. Das Fass zum Überlaufen brachte Claus Theo Gärtner, als

Im Papendiek 1 unter dem Hotel Niedersachsen befanden sich in den 60er-Jahren mehrere Gaststätten, hier die Oase.

er sogar Bier von der Konkurrenz hinzukaufte. Das war der Göttinger Brauerei zu viel und man bat energisch um die Schlüsselübergabe. Gärtner zögerte die Übergabe geschickt bis zum Abend hinaus und bot seinen Gästen die Möglichkeit, die Restbestände tagsüber leer zu trinken, was die sich nicht zweimal sagen ließen. Bei der Übergabe musste die Brauerei feststellen, dass bis auf den letzten Tropfen alle Flaschen und Fässer leer waren. Vorhanden war nur noch ein großer Stapel offener Bierdeckel, die Gärtner mit dem Schlüssel übergab.

In den darauffolgenden Tagen sammelte Gärtner von jedem, der mit offenem Deckel zurückgeblieben war, 5,- DM ein, wodurch 800,- DM zusammenkamen, die eigentlich der Brauerei zugestanden hätten. Gärtner verprasste das Geld jedoch mit seinen früheren Gästen, indem er bei Mutter Jütte in Bremke, einer Kultgaststätte des Göttinger Umlandes, eine große Party veranstaltete. Er ging noch weiter. Ohne seinen Namen preiszugeben und unter dem Vorwand, dass man eine Party mit vielen ausländischen Studenten organisieren würde, ergatterte Gärtner 17 Kisten Freibier von der Göttinger Brauerei. Vielleicht haben Gärtner und andere dazu beigetragen, dass die Göttinger Brauerei ihre Produktionsstätte aufgeben und infolgedessen an die Einbecker Brauerei übergeben musste.

Später befand sich an der Stelle des Auditorium Minimum der berühmte Grieche Z-Sorbas. Im gleichen Gebäude residierte auch das Vanilla Fudge, das durch einen schmalen Gang erreichbar war. In dieser kleinen Disco liefen Schwarz-Weiß-Filme an einer Wand neben dem DJ, der sich mit einem kleinen erhöhten Kabuff zufriedengeben musste.

Paradies

Wir gehen den Papendiek entlang in Richtung Paulinerkirche. In der Nr. 22 hatte Monika Weiß (Schwester von „Bosi“ Weiß) die Kneipe Zur Funzel. Mit der Funzel, dem Bismarck-Stübchen und dem heutigen Fürst Bismarck bewirtschaftete sie gleich drei Kneipen in unmittelbarer Nähe zueinander.

Zwei Häuser weiter kommen wir ins Paradies. Bis in die 60er-Jahre war in diesen Räumlichenkeiten die Pferdeschlachterei Blockwitz ansässig, in der auch ausgeschenkt wurde. Hinten am Leinekanal wurden die Pferde geschlachtet und vorne das Fleisch samt Schnaps verkauft. Das Paradies gehörte zeitweise Rainer Podszun, dem Inhaber des legendären Cartoons, dem wir später noch begegnen werden. Nach Rainer wechselte in der Kneipe für ein paar Jahre der Besitzer und sie hieß Melange. Seit 1994 betreibt sie Jimmy erneut unter dem Namen Paradies.

Paradiesischer Herbst
Beißt doch in den Apfel der Versuchung
Im Oktober
von 21⁰⁰ - 22⁰⁰ h
0,3l Bier 1,-
KOMM in's Paradies
Ein Pilsener der Spitzenklasse
Göttinger Pilsener
Kneipencafé - Papendiek 18
34 Göttingen - Tel.: 0551/41414

Bevor wir an der nächsten Kreuzung in die Prinzenstraße abbiegen, werfen wir einen Blick über den Leinekanal in die Goethe-Allee, die direkt zum Bahnhof führt. Hier gab es nämlich einige interessante und unvergessliche Gaststätten.

Kneipen im Rotlichtmilieu

Zu Zeiten, als es auf der Goethe-Allee noch Verkehrsinseln gab und sich dort der Straßenstrich Göttingens befand, hatten sich in der Goethe-Allee so einige Kneipen etabliert. Anfang der 60er-Jahre waren dies direkt am Leinekanal das Stadtkaffee und das Lucullus und in den 70er-Jahren das Chez Nous. Vom Letztgenannten aus hat ein Zuhälter einmal einen ungebetenen Gast samt Barhocker in den Leinekanal befördert. Am hellichten Tag ging es zumeist ruhiger zu. Schüler kehrten gern ein, denn das Chez Nous öffnete bereits mittags. Mr. Jones zog in den 90er-Jahren hier ein. In direkter Nachbarschaft bezog 1981 Günther Thormeyer mit seinem Clochard die ehemaligen Industrieräume der Elektroanlagenfirma Ruhstrat. Das Clochard überlebte nur kurz und wurde für ein paar Jahre vom Gaslicht abgelöst. Der Laden war insbesondere für seine gute Jazzmusik bekannt. Überregional berühmt sollte die nachfolgende Tangente werden. Sie beteiligte sich jedes Jahr mit Bühnen im Stumpfebiel und in der Prinzenstraße am Altstadtfest. Es handelte sich nicht ausschließlich um eine Disco. Das Lokal war auch Veranstaltungsort für unzählige Konzerte. So traten u. a. die bekannten Göttinger Bands Ganz Schon Feist und Guano Apes auf.

Die Göttinger Band Ganz Schön Feist trat in ihren frühen Jahren in der Tangente auf.

Wie das Nörgelbuff bot die Tangente eine monatlich stattfindende Offene Bühne an. Wer erinnert sich nicht an die vielen Mottopartys, die abgewetzten Ledersofas, den Billard- und Kickertisch und den Röhrenfernseher, an dem erwachsene Männer und Frauen „Mario Kart“ zockten? Einer der vielen Stammgäste war Friedhelm von Seydlitz, der jedes Mal mit seinem weißen Camaro vor die Tür gefahren kam. In den 80er- und 90er-Jahren öffnete die Tangente täglich, doch nach der Jahrtausendwende hatte sie immer weniger Gäste. Schließlich wurden nur noch mittwochs, freitags und samstags Veranstaltungen angeboten.

Etwas weiter die Goethe-Allee hinunter befanden sich in der Nr. 13 über viele Jahre das Braustübl und später das GroMo. Heute befindet sich hier die Monster Bar. In der Neustadt 35, im Gänseliesel, einer Mischung aus Puff und Kneipe, hielten sich neben Prostituierten auch Zuhälter und anderes zwielichtiges Publikum auf. Es handelte sich sozusagen um eine Kneipe mit Hinterzimmer. Auf das Gänseliesel folgte das Büro. Zu mancher Ehefrau soll der Mann gesagt haben: „Schatz, ich bin noch im Büro.“ Heute befindet sich hier der 6 Millionen Dollar Club. Die Pächter übernahmen zum Teil den „Rotlicht-Tatsch“.

Besonders in den 60er- bis 90er-Jahren war die Bahnhofgaststätte eine beliebte Kneipe für alle Durchreisenden, Ankommenden und Abfahrenden. Wir gehen aber nicht zum Bahnhof, sondern zurück in die Prinzenstraße 16, wo wir im AD einkehren, was für den früheren Namen Zum Altdeutschen steht.

Zum Altdeutschen

Das Altdeutsche hat eine über hundertjährige Geschichte, seit 1997 trägt es den Namen AD. Bevor in den 70er-Jahren Wolfgang Welsch zusammen mit Claus Dieter Meyer (von den meisten nur CD Meyer genannt) die Kneipe übernahm, war es eher ein Speiselokal, in dem es neben verschiedenen Mahlzeiten auch Gästezimmer gab. Aus den Gästezimmern machten Meyer und Welsch Büros und vermieteten die restlichen Räume als Wohngemeinschaft. Mit den neuen Inhabern etablierte sich nach und nach eine richtige Kneipe im Altdeutschen. Fortan servierte man kleine Snacks wie Schmalzbrote, Bouletten und Baguettes.

Neben vielen anderen Stammgästen trafen sich im AD bald auch die Basketballer des ASC Göttingen, die zwischen 1980 und 1985 drei deutsche Meisterschaften und zwei Pokalsiege gewannen. Wilbert Olinde als amerikanischer Basketballspieler der Mannschaft soll bei einem Fernsehinterview – auf dem Kopf trug er die Krone einer Fast-Food-Kette – gesagt haben, dass er heute im Altdeutschen die Deutsche Meisterschaft feiern werde, woraufhin die Kneipe dermaßen voll war, dass sie sich mit den Menschen, die draußen standen, mindestens ein zweites Mal hätte füllen können. Die Basketballer feierten hier gerne und oft, doch die erste Meisterschaft blieb etwas Besonderes.

So stieg Jörg Weitemeyer, auch Basketballspieler, auf die nagelneue Kupfertheke und stimmte das Lied „Marmor, Stein und Eisen bricht, aber unsere Liebe nicht“ an, was die ganze Gaststätte zum Beben brachte. Man stelle sich mal einen Basketballhünen auf der schmalen

Das Altdeutsche, das AD, war ein Treffpunkt für die Basketballer des ASC Göttingen. Das Foto entstand MItte der 80er-Jahre.

Theke vor, der sich aufgrund seiner Körperlänge und der niedrigen Decke weit in den Raum vorbeugen musste! Die Kneipe war insgesamt nicht für zwei Meter große Männer gebaut. Es gab einen sehr gefährlichen Übergang zum hinteren Bereich, in dem sich ausgerechnet die Basketballer gerne aufhielten. Bei reichlich flüssiger Nahrung führte dies regelmäßig zu einigen leichten und manchmal auch schweren Kopfverletzungen. 2017 gab es im AD nach 32 Jahren ein „Meet & Greet" der Basketballer.

Einer der berühmtesten Zapfer des AD war Fuchse, der zumeist eine „Fluppe" im Mund hatte, was dazu führte, dass so mancher Gast auf seiner Bierkrone Asche fand.

Ein sehr bekannter Eiskunstläufer und Schauspieler soll im Altdeutschen mal geäußert haben, dass er als Promi das Bier nicht zu bezahlen bräuchte, woraufhin er zu hören bekam: „Hier muss jeder bezahlen."

CD Meyer und Wolfgang Welsch zerstritten sich in den 80ern und Wolfgang Welsch übernahm die Becherweyde, wohin ihm die Basketballer folgten.

Vom Wallis nach Kairo und von dort ins Exil

In der Prinzenstraße 13 an der Ecke zum Stumpfebiel befand sich unterhalb des damaligen Capitols der Walliser Keller. Beide gehörten Ernst Heidelberg. Beim Walliser Keller handelte es sich keineswegs um eine Kneipe im Sinne der Westküste Großbritanniens, sondern um ein Weinlokal mit der Schweizer Atmosphäre des Wallis, in dem u. a. Raclette

Der Walliser Keller in der Prinzenstraße 13.

und Fondue bestellt werden konnte, was die Studenten zur damaligen Zeit nicht kannten und das daher etwas ganz Besonderes war. Neben dem Schwarzen Bären, der Junkernschänke und dem Kronenkeller der früheren Kronenpassage war es ein Lokal für gehobene Ansprüche. So verfügte der Walliser Keller über schön gedeckte Tische, sehr feines Gedeck und eine entsprechende Speisekarte. Ein beliebtes Angebot in dieser Gaststätte war die Himmelsleiter, ein Brett mit sechs Gläsern von weniger gutem bis hochwertigem Wein, und dazu Käsefondue.

Damals konnte in fast allen Kneipen geraucht werden, was Hans Joachim Gärner und seine Freunde zu einem Experiment verleitete. Sie brachten eine Wasserpfeife mit. Wasserpfeifen waren in jener Zeit wenig verbreitet und weitgehend unbekannt. Deshalb ließ die Kneipenwirtin sie erst einmal gewähren. Aber nach wenigen Minuten war der gesamte Keller dermaßen vollgedampft, dass die qualmenden Gäste schließlich aus der Kneipe flogen.

Auf den Walliser Keller folgte das Kairo mit seinen legendären Vollmondpartys. Wie in der Tangente gab es viele Konzerte und so wurde zu allen Musikrichtungen getanzt, von Punk bis Salsa. Das Kairo bestand bis ins Jahr 2002 und gehörte für viele Jahre zu den angesagten Tanzlokalen. 2003 zogen die ehemaligen Betreiber des Outpost von der Königsallee mit dem Exil in die Prinzenstraße. Dieses Lokal sollte nicht minder legendär werden. So gab es auch hier unzählige Partys und Konzerte verschiedenster Musik- und Stilrichtungen.

Die Kneipen am Nabel

Nicht weit vom Göttinger Nabel entfernt finden sich die Häuser der Prinzenstraße Nr. 6 und 7. In der Nr. 7 gibt es seit den 90er-Jahren das Lokal Zum Szültenbürger. Hier stand in den 60er-

Silvester im Monokel in den 70er-Jahren.

Das Monokel, hier 1976, öffnete schon morgens um sieben.

und 70er-Jahren die Gaststätte Rauch und in direkter Nachbarschaft Anfang der 60er das Lokal Zum Toni. 1968 wurde unter dem Namen Sir Arno eine neue Gaststätte eröffnet. Bei Lili und Arno, die zuvor bereits andernorts Kneipen betrieben hatten, gab es neben vielen verschiedenen Getränken auch Frühstück, Mittagessen und sogenannte „Schlemmerschnittchen". Viele Zeitzeugen haben die Gaststätte etwas dunkel und schummrig in Erinnerung. Neben dem Essen gab es internationale Spitzen-Drinks und Cocktails. In den 70ern zog hier das Monokel ein, das bereits um 7 Uhr öffnete. Aber so mancher Gast kam sogar eine halbe Stunde früher, was dazu führte, dass die Putzfrau Frau Gehrke so manchem ungeduldigen Besucher einen ersten Kaffee ausschenkte. Beim Altstadtfest 1980 kam es zu einem großen Feuer in dem Fachwerkhaus. Das Haus und seine Kneipe mussten abgerissen werden.

Vom Nabel aus gehen wir nach Norden. In der Weender Straße 56 gab es in den 60er- und 70er-Jahren eine der vielen Milchbars. Auf der linken Seite erreichen wir wohl eine der bekanntesten und beliebtesten Kneipen der 70er- und 80er-Jahre: das Pegasus.

Pegasus

Das Haus in der Weender Straße 39 war seit jeher Ort verschiedener Gaststätten. Der noch heute auf dem Dach zu sehende gepanzerte Ritter verweist auf einen der ehemaligen Namen der Gaststätte, nämlich Zum Ritter. Der heutigen Göttinger Bevölkerung ist das Lokal vor allem unter dem Namen Pegasus bekannt. Zuvor hieß es in den 60er-Jahren Kupfergrill. Wolf-Adolf Graf von Hardenberg, genannt „Möpi", übernahm diese Gaststätte, als sie Zum Franziskaner hieß. Die Inneneinrichtung mit der langen Kupfertheke und der Küche ging in das Pegasus über, das am 8. Februar 1972 eröffnete. Jährlich wurde der Geburtstag gefeiert und Sekt an die Mitarbeiter und Stammgäste ausgeschenkt. Das Pegasus entwickelte sich rasch zu einer der begehrtesten Kneipenadressen in Göttingen und beschäftigte zeitweise bis zu 50 Studenten. Wie in anderen Lokalen gab es die beliebten Schmalzstullen und Käsebrote, die die Damen, gekleidet in grüne, mit dem Konferfei des Pegasus bestickte Schürzen, servierten. So mancher erprobte sein Können am Klavier, das den Gästen im Pegasus zur Verfügung stand.

Da die Kneipe bereits am Vormittag ihre Türen öffnete, wurde sie zum beliebten Treffpunkt für Schüler, wenngleich der Geschäftsführer Christian von Ziegner darauf achtete, dass die Gäste volljährig waren, um seine Konzession nicht zu gefährden. Die Schüler dagegen waren recht kreativ und fälschten ihre Pässe, was wiederum dazu führte, dass deren Eltern sich Sorgen machten, weil ihre Kinder nicht von der Schule nach Hause kamen. Die Erwachsenen gingen zumeist abends ins Pegasus, viele kamen erst ab 22 Uhr. Ab 1 Uhr galt die Sperrstunde. Eine Viertelstunde vor 1 Uhr gab es wie früher in Großbritannien die „last order“. Zur Sperrstunde lief jedes Mal „Gute Nacht Freunde“ von Inga und Wolf. Ansonsten gab es beliebte Lieder wie „Girls, Girls, Girls“ von Sailor, bei dem die Gäste der Kneipe regelrecht ausflippten. In den 70er-Jahren liefen viele Männer gerne in Lodenmänteln herum und trugen Siegelringe, während einige der jungen Damen mit Schottenröcken, dazu passenden Socken, weißer Bluse und darüber gezogenem Pullunder ausgingen. Dazu gehörte das von den Männern gerne als „Perlenkettengeschwader“ bezeichnete Accessoire, also lange Ketten.

Insbesondere für manche Männer bleibt der Auftritt einer Hochstaplerin im September 1977 unvergesslich. Trotz ihres Alters von etwa 70 Jahren schaffte es eine Dame, viele junge Männer um einen Teil ihres Geldes zu bringen, indem sie gut gekleidet als Gräfin Gunilla von der Goltz auftrat und behauptete, ihren Koffer auf der Reise verloren zu haben.

Vor dem Pegasus im Mai 1977.

Im Pegasus, Weender Straße 39, war immer viel los.

Gunnar Caddick, Otto-Hendrik Wilken und Andreas Knothe mit ihrem Preis für einen Angeltag in den 70er-Jahren.

Das Pegasus beim Altstadtfest 1976.

Im Pegasus verkehrten viele adlige Studenten der Verbindung Saxonia. Auf die wirkte die angebliche Adlige durchaus vertrauenswürdig, weshalb sie sie einluden und ihr mit Geld ausgeholfen wurde. Einer der Studenten überprüfte jedoch die Genealogie der Familie von der Goltz und fand keine Person mit dem Namen Gunilla, weshalb der ganze Schwindel aufflog. Die Schwindlerin war mit einem Offizier verheiratet, der sie schließlich auslösen musste.

Mit Hans Müller hatte das Pegasus sogar zeitweise einen Gast, der sich als inoffizieller Türsteher nützlich machte. Als ehemaliger Holzfäller und Amateurboxchampion aus Kanada brachte er die passenden Eigenschaften mit und kümmerte sich fortan um die besonders „schweren Jungs“. 1974 wurde die Fußballweltmeisterschaft auf einem Fernseher im Pegasus übertragen und nach dem Finalsieg gab es Freibier ohne Ende. Es folgte eine Polonaise zum Gänseliesel über viele Baustellenbretter hinweg, denn zu dieser Zeit wurde die Innenstadt zur Fußgängerzone umgewandelt. Ein Holländer sang: „Wenn der Frühling kommt, dann schenk ich dir Tulpen aus Amsterdam.“ Als Elvis Presley im August 1977 starb, wurden die ganze Nacht Elvis-Songs gespielt.

1976 wurde das erste Altstadtfest in Göttingen gefeiert. Bei dieser Premiere wurde noch improvisiert. Viele Stände bestanden aus Tapeziertischen. Das Fest wirkte anfangs wie eine Mischung aus Flohmarkt und Kulturveranstaltung. So bauten Freunde von Christian von Ziegner einen Teestand vor dem Pegasus auf, an dem es tagsüber ausschließlich Tee und am Abend Tee mit Rum gab. Bei späteren Altstadtfesten baute das Pegasus einen Drehspieß mit einem Ochsen in der Ecke des Jakobikirchplatzes auf, was bei den Festen zum Markenzeichen der Kneipe wurde.

Unvergessen bleiben die Pegasus-Rallyes, bei denen per Auto das südniedersächsische Umland mit vielen Stopps erkundet wurde. Bei jedem Halt gab es eine Aufgabe zu lösen. Es konnten Punkte gesammelt werden, die in die Rallye-Papiere eingetragen wurden. Abends wurden die Sieger bei einer Party geehrt. Gunnar, Otto und Andreas gewannen als 13. einen Angelgutschein für die Northeimer Seenplatte, die zu dieser Zeit (70er-Jahre) gerade entstanden ist.

Das Pegasus zog 1989 samt Personal in die Räumlichkeiten der heutigen Nautibar um. Dieser Umzug zeigte, dass eine Kneipe nicht nur von ihrem Namen lebt, sondern vielmehr von ihrer Lage. Die Gäste zogen nämlich nicht mit um und die Kneipe musste nach kurzer Zeit schließen.

Dem Wirt „Möpi“ Hardenberg gehörten zeitweise auch der Ratskeller, die Drei Lilien, die Disco Morisco sowie Putt vom Grill in der Roten Straße 13.

Vom Pegasus machen wir ein Abstecher zur Mühlstraße 4 und besuchen das Irish Pub. Mit seiner fast täglich stattfindenden Livemusik war das Irish-Pub in den 80er-Jahren etwas Besonderes. Diese Kneipe gibt es bis heute, inzwischen aber nur nur noch mit gelegentlicher Livemusik und unter dem Namen Duke. Um die Ecke im Stumpfebiel 5 konnte man bis in die 70er-Jahre das Lokal Eisbein-Stuben finden, es folgten Budike und in den 80er-Jahren das Fürst Bismarck. Wir gehen zurück in die Weender Straße, nördlich bis zur Nummer 57, wo sich Anfang der 60er-Jahre die Kneipe Zum Schwarzen Kater befand. Der Schwarze Kater wurde von Achims Pinte abgelöst und Ende der 70er-Jahre von der Börse. Weiter gen Norden gab es in den 60er-Jahren in der Nr. 77 Das Akademische Viertel und in den 80er-Jahren die Clubkeller-Disco in der Nr. 86.

Charly Max

Am Wall angekommen, stehen wir vor dem Charly Max, das seit den 80er-Jahren mit dem Konterfei von Charlie Chaplin warb. So verwundert es nicht, dass die Kneipe mit Filmplakaten und alten Filmdosen dekoriert war. Auf einem Bildschirm liefen die aktuellsten Musikvideos und Ankündigungen der damals in Göttingen noch reichlich vorhandenen Filmtheater. Mit im Voraus bezahlten Bier- und Cola-Karten konnte Geld gespart werden. Diese Idee hat der Besitzer Christian Bosse aus seiner vorherigen Kneipe Cartoon mitgebracht. Angeboten wurden wie überall Schmalzbrote, Soleier und die verschiedensten Toasts, aber mit Waffeln und Apfelstrudel gab es hier zusätzlich noch etwas Besonderes.

Kupferkanne

Nach diesem Abstecher gehen wir zurück in die Weender Straße 58 zum Jakobikirchhof und erreichen einen weiteren Hotspot der Göttinger Kneipengeschichte. Seit jeher gab es hier eine Gaststätte, die zuvor unter den Namen Kaiser-Café und Kaffeehaus Vaterland bekannt war. Das „Französische Billard" in diesem Lokal war eine absolute Sensation. Ab den 60er-Jahren etablierte sich unter dem Namen Kupferkanne ein überregional bekanntes Tanzlokal mit samtig-plüschigen Sesseln und Damenwahl am Donnerstag. Alle zwei Monate spielten im Wechsel ausgesuchte Kapellen.

Von 1963 bis 2011 gab es im gleichen Haus mit dem Cinema eines der bekannten Programmkinos in direkter Nachbarschaft. Unterhalb des Kinos öffnete in den 70er-Jahren

Das Tanzcafé Kupferkanne in der Weender Straße, 1963.

Fasching im Filou Anfang der 80er-Jahre.

das Filou. Es wurde in den 80ern zu einer der beliebtesten Discos in Göttingen. In dem Haus von Kupferkanne und Filou wechselten in den 80er-Jahren verschiedene Gaststätten, u. a. Bonbon, Türkis, Sowieso, Mini und Graffiti.

Keinen Namen, aber eine Idee

Nach diesem Aufenthalt geht es an der Jakobikirche entlang zur Jüdenstraße und wir kommen direkt zum Schroeder, wo sich früher die Jakobinerstube befand, die am 8. April 1967 von Friedrich Appold und seiner Frau eröffnet wurde. Die Kneipenwirtin Bergner war eine Institution. Manchmal wirkte sie mit ihren Ansagen furchterregend und manchmal empathisch und ganz vertrauenswürdig. Die Jakobinerstube war Zufluchtsort für Gäste des Pegasus, wenn diese des Göttinger „Schädel-Pils“ oder „Ekel-Pils“ (umgangssprachlich für Edel-Pils) überdrüssig waren, denn getrunken wurde in dieser Kneipe alles, nur kein Göttinger Bier.

In den 60er-Jahren konnte man hier den Schauspieler Götz George antreffen, der gerne die Jakobinerstube besuchte, als er unter dem überregional bekannten Theaterintendanten Heinz Hilpert im Deutschen Theater in Göttingen spielte. Allgemein war die Gaststätte eine Feierabendkneipe für das gehobene Publikum der Nachbarschaft.

Seit 1989 wird diese Kneipe unter dem Namen Schroeder geführt. Die neuen Pächter hatten mangels einer besseren Idee ihre Gaststätte nach dem Namen des ersten Gastes benannt.

Vom Schroeder gehen wir in die Speckstraße 10 zum Pfannkuchenhaus, das heute Stadion heißt. Unter den vielen verschiedenen Pfannkuchen konnte u. a. der extra scharfe Teufelspfannkuchen mit Kidneybohnen oder der China-Pfannkuchen mit Pilzen und Sojabohnensprossen bestellt werden. Aber es wurde nicht nur gegessen, denn neben Pfannkuchen wurden Einbecker Bier oder Alt vom Fass sowie einige andere alkoholische Getränke angeboten. Zurück in der Jüdenstraße gehen wir in den Kleinen Ratskeller, von vielen wegen der Neigung des Gebäudes „Schiefes Eck" genannt.

Kleiner Ratskeller

Der Name Kleiner Ratskeller entstand nach der Hochzeit der ältesten Tochter des Gastwirtes Jakob Apel mit dem Ratskellerwirt im Jahre 1880 als Spitzname. Er war vor allem nach reichlich Alkoholkonsum einfacher auszusprechen als Appelsche Gastwirtschaft.

In den 60er- und 70er-Jahren gehörte diese Wirtschaft Franz und Frieda Brieke. Heute bewirtschaftet Veronika, deren Tochter, die Gaststätte.

Zum Inventar der Kneipe gehörte Ernst, den die meisten Gäste Studienrat Ernstchen nannten. Er wohnte, längst erwachsen, nach wie vor bei seiner Mutter und brachte gelegentlich den Dackel der werten Mama mit in die Kneipe. Ernstchen setzte sich gerne an das Klavier und spielte den einen oder anderen Schlagerklassiker. Eine andere eingeschworene Gruppe sang, begleitet vom Klavier, regelmäßig den Piccadilly-Tango im Kleinen Ratskeller.

Mit diesem Lied im Ohr gehen wir die Jüdenstraße weiter nach Norden bis ins Coupe 35,

Der Kleine Ratskeller in der Jüdenstraße 30, ca. 60er-, 70er-Jahre.

Die Wirtsleute vom Kleinen Ratskeller,
Franz und Frieda Brieke.

wo sich in den 90er-Jahren DaCapo und Pekoli befanden. Wie so viele Lokale der damaligen Zeit wandelte sich ein am Vormittag gern besuchtes Café abends zu einer Kneipe. Im Coupe 35 durften die Gäste zum Frühstück so viel Kaffee trinken, wie sie wollten. Von 17 bis 20 Uhr, während der Happy Hour, wurden zwei Cocktails oder Longdrinks zum Preis von einem offeriert.

Bevor wir in den Ritterplan einbiegen, schauen wir noch ums Eck in das Bojana in der Jüdenstraße 3, wo man selbst zu sehr später Stunde eine Portion Spaghetti bekam. Ab Mitte der 70er-Jahre wechselten die Besitzer. Fortan hieß die Kneipe Binding-Bierstübl, bevor der Grieche Potis seine Dependance hier eröffnete. In den späten 80er-Jahren zog die Gaststätte Winkelbräu mit einer Mikrobrauerei ein, was bedeutet, dass frisch gebrautes und ungefiltertes, also naturtrübes Bier getrunken werden konnte. Die kupfernen Braukessel waren durchs Fenster vom Fußweg aus zu sehen, ein eindrucksvoller Anblick.

Clochard

Nach diesem kurzen Zwischenstopp gehen wir ins Cabaret Atlantic. Die Gebäude gegenüber vom Städtischen Museum im Ritterplan 2–3 gibt es heute nicht mehr, ebenso wie die früheren Gaststätten Anyway, Tropicana und Atlantic. Während das Atlantic eher ein Stripteaselokal war, zog mit dem späteren Clochard eine der bekanntesten Discos in die früheren Räumlichkeiten ein. Doch der Reihe nach.

Oma Friede Effler erhielt in den 60er- und 70er-Jahren für die Leuchtreklame des Atlantic an der Ecke Jüdenstraße/Ritterplan Miete und diese ließ sie regelmäßig von ihrem Enkel Dirk Weitemeyer einholen. So ging der Junge gemeinsam mit dem Königspudel der Oma einmal im Monat über einen Hintereingang der Seitenstraße in das zwielichtige Lokal, um das Geld zu kassieren. Für den Jungen jedes Mal ein großes Abenteuer, denn welches Kind bekam zur damaligen Zeit schon Strapse, Dessous und sonstige schlüpfrige Kleidung zu sehen? Oma Friede fertigte als gelernte Schneidermeisterin einige der Kostüme der Damen des Etablissements.

Im Atlantic wurde für 5,- DM ein Gedeck angeboten, das aus einem Schnaps und einem Bier bestand. Ein Gast, der als Seemann viel in der Welt herumgekommen war, soll nach einem Besuch im Atlantic gesagt haben: „Solche Schweinereien habe ich in keinem Hafen der Welt gesehen." Es gab nicht nur das Atlantic mit seinen Tischtelefonen. Von der Eingangshalle aus, in der sich ein Drehkreuz befand, gelangte man rechts in das Cabaret des Atlantic und links in den Club Anyway oder Tropicana.

Aus diesen beiden Lokalitäten ging schließlich 1972 das Clochard hervor. Mit „durchgenudelten" Plüschsofas wollte man bewusst ein eher abgenutztes Milieu erzeugen. Einer der vielen Türsteher hieß Jürgen; nur wer mit Jürgen gut konnte, hatte die Chance, in den Club zu kommen. Einer der legendären DJs war Christian (Osi), der später auch DJ in der Tangente war. Andere DJs waren u. a. Reinhard Seng und Alexander Köhler. Um Mitternacht gab es für eine halbe Stunde Kuschelrock, daraus entwickelte sich schließlich der „Engtanz", der später in vielen Clubs fortgeführt wurde. Über der Tanzfläche hing an den hohen Decken die große Discokugel.

In den Ritterplan 1 zog später das Caprice, eine beliebte Kneipe zum „Krökeln", wie Kickern früher genannt wurde. Im Ritterplan 2 war der Gotenschieter in den 80er- und 90er-Jahren untergebracht. Hier bediente die charmante Claudia in einer Gaststätte voller Sperrmüllantiquitäten, die von der Decke baumelten, was den Eindruck einer abgehängten Decke vermittelte. In der Mitte befand sich eine rechteckige Inseltheke mit Zapfanlage.

Der Eingang zum Striptease-Lokal Atlantic, ca. 60er-, 70er-Jahre.

Tiefseetaucher

Mit dem Betreten der Burgstraße kommen wir zu einer der Kneipenmeilen Göttingens, in der sich nach wie vor altehrwürdige, ehemals verrauchte Gaststätten befinden. Beginnen wir mit der Nautibar, ehemals Nautilus, an der Ecke zur Theaterstraße. Wie zuvor bereits erwähnt, befand sich das Pegasus für kurze Zeit in diesen Räumlichkeiten. Danach wechselten mehrere Gaststätten, von denen das Merengue bis in die 90er-Jahre die längste Zeit überlebte. Ende der 90er-Jahre zog schließlich das Nautilus mit einer neuen Inneneinrichtung, bestehend aus alten Möbeln und Lampen, ein. Seitdem schufen Bullaugen eine Atmosphäre wie in einem Unterseeboot. Dazu passend gab es mit dem „Tiefseetaucher" den wohl stärksten Göttinger Cocktail, nach dessen Konsum sich viele Gäste nicht mehr an den weiteren Verlauf des Abends erinnern konnten. Gegebenenfalls sind sie im wahrsten Sinne abgetaucht und hoffentlich nicht untergegangen. Mit einem neuen Besitzer folgte die Umbenennung in Nautibar und es wurde eine Mikrobrauerei wie früher im Winkelbräu etabliert, wenngleich wesentlich erfolgreicher, denn die Kneipe existierte bis 2024.

Apex

Ohne Tiefseetaucher geht es weiter in die Burgstraße 46 zum Apex. Die ehemaligen Leute vom Center zogen in die Innenstadt und gründeten 1971 das Apex mit der Zielsetzung, in der Göttinger Innenstadt einen Ort für Ausstellungen zeitgenössischer Kunst sowie für Musik- und Kabarettveranstaltungen zu etablieren. So behauptet sich das Apex bis heute als Kneipe mit Kunstgalerie und vielseitigen Veranstaltungen, in der man auch gut essen kann.

Konzert von Angelika Behre und Paulo Campos de Melo im Apex am 13. Dezember 1981.

Le Trou

Schräg gegenüber befindet sich ein weiterer uriger Keller aus dem Mittelalter, das Trou. Der Name der seit mehr als 50 Jahren existierenden Lokalität geht aus der Übersetzung hervor: Französisch „Le Trou“ bedeutet zu deutsch das Loch. Französische Gäste sollen bei einem Besuch einmal verlauten lassen haben, was denn das für ein Loch sei. Handyempfang hat man im Loch nicht, weshalb der Name bis heute durchaus seine Berechtigung hat. Ebenso wie beim Apex und Center geht seine Gründung in den 60ern auf Göttinger Studenten zurück. Sie wollten einen Ort schaffen, an dem man sich treffen und für möglichst wenig Geld hemmungslos betrinken konnte. Zuvor hatten sie versucht in der Mauerstraße Räume zu mieten. Nachdem sie allerdings einen alten Herrn vor die Tür gesetzt hatten, weil er volltrunken die Gäste belästigte, wurde ihnen gekündigt, denn dieser ungebetene Gast erwies sich als ihr Vermieter.

So machten sie sich auf die Suche nach neuen Räumlichkeiten. Schließlich fanden sie den alten Kartoffelkeller, in dem ein Klavier stand, das die Studenten gleich mit übernahmen. Sie gründeten einen Verein und erhielten 1961/62 die Konzession für diese Kneipe. Anfangs gab es nur ein Plumpsklo auf dem Innenhof. Unter dem Waschbecken stand eine Wanne für das Abwasser, die regelmäßig geleert werden musste. Als später der Wasseranschluss gelegt wurde, gab es (und gibt es bis heute) im Keller eine kleine und sehr enge Toilette. Jetzt bekamen einige der Gäste nicht nur vom Alkoholkonsum einen dicken Kopf, sondern ebenso wegen der niedrigen Höhe der Toilettentür. Bis auf die „Göttinger Buffs“ (Erklärung Nörgelbuff s. S. 63) muss hier nämlich jeder Gast den Kopf einziehen. Das urige Ambiente ist seit jeher geprägt von den als Tische fungierenden alten Holzfässern. Sie stehen seit Ende der 60er-Jahre im Trou und stammen von einem lokalen Getränkegroßhändler. Mit der vor Ort kredenzten Altbier-Bowle gibt es eine eigene Hausspezialität.

Anfangs etablierte sich das Trou als angesagter Jazzkeller und Musik sollte oft und viel im Keller gehört werden. Einer der vielen DJs war Alex Köhler. Wie in so vielen anderen Göttinger Kneipen gab es Brote mit hausgemachtem Schmalz, Mett, Käse und anderen Beilagen.

Als im Keller noch geraucht wurde, hieß es scherzhaft: „Wenn die Kerzen auf den Fass-Tischen anfangen zu flackern, müssen alle wegen Sauerstoffmangels raus.“ Wie in so vielen anderen Kneipen waren Kerzen die Hauptbeleuchtung im Trou. Mehrfach wurde mir erzählt, dass die heutigen schwarzen Wände früher weiß gewesen wären, doch das konnte ich mit Hilfe anderer Zeitzeugen widerlegen. Es stimmt lediglich, dass die Wände heller waren, aber weiß gestrichen waren sie nie. Irgendwann waren sie so schwarz, dass ein Amerikaner dachte, die glänzend schwarze Decke wäre aus Plastik, und mit voller Wucht dagegen schlug. Der anschließende Schmerzensschrei schallte durch den ganzen Keller.

Apropos Rauchen: Einer der Hauptverantwortlichen im Trou rauchte beim Zapfen und war dafür bekannt, dass er bei vollem Haus in verschiedenen Aschenbechern jeweils eine Kippe brennen ließ. Zu den besten Zeiten konnten bis zu einem halben Dutzend seiner „Fluppen“ gleichzeitig brennen.

Diese Kneipe gehörte in den 70er-Jahren zweifelsfrei zu den Stammkneipen des Politikers Gerhard Schröder. Er machte sogar vor der Ministerpräsidentenwahl in Niedersachsen dort Wahlkampf. In der Folge löste er 1990 Ernst Albrecht als Ministerpräsident ab. Dessen Tochter Uschi (Ursula von der Leyen) war hin und wieder ebenfalls Gast im Trou. So wurde die Kneipe sogar Zeitzeuge zukünftiger Persönlichkeiten der Politik.

1976 war die Kneipe fast zahlungsunfähig, da sich der 1. Vorsitzende des Vereins selbst in der Kasse bedient hatte. Der Verein kündigte dem Mann. Fortan übernahmen Konrad und Volker dessen Position. Die Vereinsstruktur wurde beibehalten. In den 80er-Jahren wurden mehr und mehr Tische im Keller aufgestellt und die heutige Kneipenform etablierte sich. Bei Kerzenlicht waren nun Gesellschaftsspiele angesagt und es durfte weiterhin geraucht werden.

Es gab und gibt einige Anekdoten über das Trou zu berichten, doch es können nur ein paar exemplarisch erwähnt werden. So ist eines Nachts ein Mann auf der kleinen und sehr engen Toilette eingeschlafen. Als er aufwachte, war niemand mehr da und es war stockdunkel im Keller. Zum Glück konnte er das Haustelefon ertasten und sich aus der misslichen Lage befreien.

In einer anderen Nacht versteckte sich ein Tankstellenräuber unter einer Bank im Trou. Nachdem alle den Keller verlassen hatten, stahl er 40,- DM aus der Kasse und floh durch den Notausgang. Es war jedoch Winter und hatte geschneit, was dazu führte, dass sein immens großer Fußabdruck sichtbar wurde. Weil der Mann überhaupt gern auf großen Fuß lebte, überfiel er am nächsten Tag erneut eine bereits zuvor von ihm beraubte Tankstelle und wurde so schließlich überführt.

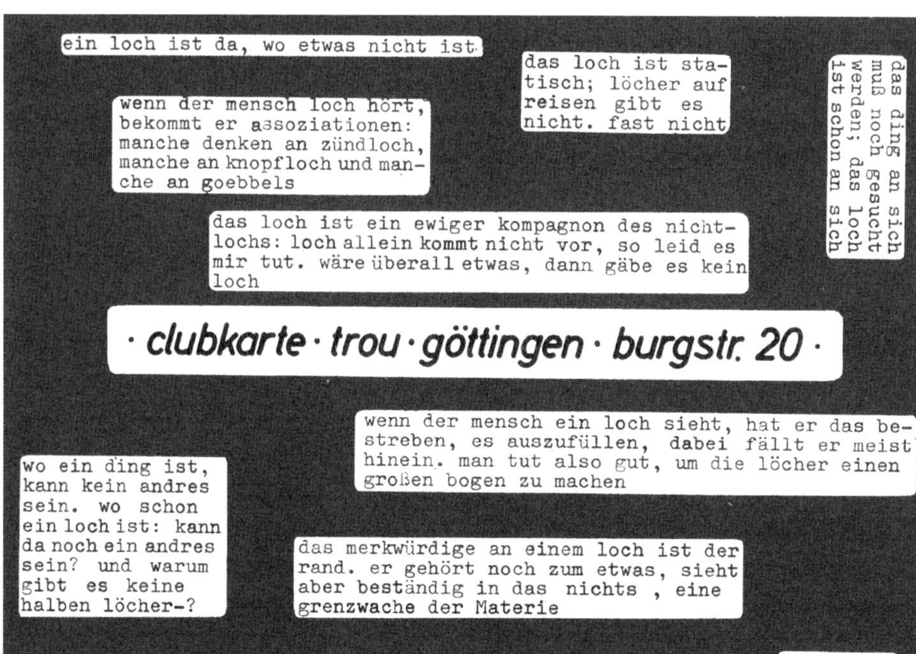

Einmal musste ein Gast vor die Tür gesetzt werden, weil er den Kneipier dermaßen stark in den Oberschenkel gebissen hatte, dass dieser Abdruck noch Tage danach zu sehen war.

Das Trou machte wegen der Sperrstunde kurz vor 1 Uhr die Leuchtreklame aus und schloss die Tür. Mit den verbliebenen Gästen ging die Party jedoch weiter, und das manchmal sogar bis zur „Vogelbrülle“, also dem Zwitschern der Vögel.

Oberirdisch, im Eingangsbereich zum Trou, befand sich auf der rechten Seite die Burgschänke, in der frisch zubereitete Burger serviert wurden. Für viele war die Burgschänke der erste Burgerladen Göttingens. Sie gehörte wie das Clochard, die Tangente und das Gasthaus am Kehr der Familie Thormeyer. Nachfolger der Burgschänke war das Kommödchen.

Im heutigen Europic in der Burgstraße 9 war in den 80er-Jahren die Gaststätte Zur Akademie und in der Nr. 8 befand sich während der 70er-Jahre die Sandler-Bräu-Schänke. Wir befinden uns bereits auf dem Wilhelmsplatz und gehen rüber zum Blue Note.

Blue Note

Diese Kneipe am Wilhelmsplatz hatte eine über 40 Jahre alte Geschichte, bevor sie 2014 geschlossen wurde. Vor mehr als einem halben Jahrtausend diente dieser Raum den Franziskanern als Kühlungs- und Vorratskeller. Die Universität nutzte ihn später ebenfalls als Lagerungs- und Kühlungskeller, bis er schließlich zu einem der berühmtesten Lokale Göttingens avancierte. In den Räumen darüber gab es in den 60er-Jahren mit der Taberna ebenfalls eine Gaststätte. Mittwoch, Samstag und Sonntag traf man sich dort zum Tanztee. Die Mädchen aus dem Schulheim in der Hansenstraße durften unter Aufsicht ihrer Gouvernante dort tanzen gehen. Das machte vielen männlichen Besuchern große Hoffnung, aber die Aufsichtsdame passte sehr gut auf. Die Taberna erwähne ich, weil hier – allerdings nur zum Tanztee – bereits die Göttinger Jazz-Größen Jo Penzlin und Gunter Hampel spielten. Später traten sie im Blue Note auf. Wie zuvor das Center in den 60er-Jahren wurde das Blue Note neben dem Theaterkeller in den 70er-Jahren zu einem der angesagtesten Jazz-Lokale in Göttingen.

Bis 2001 hingen im Blue Note die alten Plakate der vielen Jazz-Stars, die dort aufgetreten sind. Einige wie Art Hodes, Joe Viera, Eurreal Wilford „Little Brother“ Montgomery, Barney Kessel, Bud Freeman, Errol Dixon und Eddie Cleenheat Vinson seien u. a. erwähnt. Mit Letztgenannten hat Jo Penzlin sogar eine Schallplatte im Blue Note aufgenommen.

Jo Penzlin kam es sehr entgegen, dass das Blue Note zwei Klaviere hatte, da er dort oft

Eines der berühmtesten Lokale in Göttingen war das Blue Note. Dort trat die Göttinger Jazzband Red Roseland Cornpickers in den 80ern auf.

mit seinem kongenialen Partner Gottfried Böttger auftrat, mit dem er über 40 Jahre inner- und außerhalb der Region Konzerte gab.

Neben den Jazzveranstaltungen war das Blue Note an den anderen Tagen eine gewöhnliche Kneipe, doch es gab Mitarbeiter, an die sich einige bis heute erinnern. Z. B. arbeitete dort ein Filmvorführer, und bei so manchem Film soll er die letzte Rolle nicht mehr gespielt haben, um früher im Jazzkeller zu sein. Dann gab es „Gläser-Winnie", der dem Namen getreu die Gläser einsammelte. Wenn er jemanden nicht mochte, konnte es durchaus vorkommen, dass er diesen mit einem Glas bewarf. Unvergessen bleibt der legendäre Fritz, ein ewiger Student, der sich fast immer im Blue Note aufhielt. Einige Gäste nannten ihn Nosferatu, da sie munkelten, dass er nie das Tageslicht zu Gesicht bekam. So verwundert es nicht, dass er schließlich einen Job im Eingangsbereich mit einem kleinen Tischchen bekam, wo er saß und Eintritt kassierte. Der ein oder andere Lichtstrahl wird ihn dort sicherlich erreicht haben.

In den 70er-Jahren war „Kaefi“ der Pächter des Blue Note. Anfang der 80er-Jahre wanderte er mit seiner Frau, die er im Blue Note kennengelernt hatte, nach Sri Lanka aus und gründete dort ein Strand-Resort unter dem Namen Blue Note. Dieses wurde sogar von Stammgästen aus Göttingen besucht!

In den 90er-Jahren wurde das Blue Note zu einer Disco mit Oldie-Night, den berühmten Salsa-Abenden und der Tropical-Night, bei der meist zu afrikanischer Musik getanzt wurde.

Kein Kwatsch und Kokolores

Vom Blue Note aus geht es in die Barfüßerstraße 1. Seit Ende der 90er-Jahre befindet sich hier das Thanner's, vormals Kwatsch, Teil einer damaligen Kneipenkette. Auf Kwatsch hatten die Göttinger ebenso wenig Lust wie auf Kokolores, wie es kurzzeitig im Anschluss hieß, bevor es mit Thanner's endlich den Namen fand, unter dem es bis heute eine gut besuchte Kneipe ist. Nicht nur der Name, sondern auch das Thanner's hat sich über die Jahre verändert, denn im hinteren Bereich der Kneipe wurde früher getanzt.

Wir gehen zwei Häuser weiter in die Barfüßerstraße 3 und landen in der Bierwirtschaft, in den 80er-Jahren bekannt als Gusti und Alfred und in den 70ern als Binding-Bierstübl. Zwei Häuser weiter bewundern wir bei der Nr. 5 eines der wohl schönsten Häuser Göttingens, die Junkernschänke. Früher beherbergte es eine Weinhandlung und nach dem Zweiten Weltkrieg mehrere Gaststätten, in denen man gut essen konnte. Seitdem ist die Junkernschänke eher als Restaurant denn als Kneipentreffpunkt bekannt.

Die Kerze

Für einen weiteren Kneipenbesuch brauchte man sich nur in den Keller auf der gegenüberliegenden Straßenseite bewegen. In dem Eckkeller der Jüdenstraße 13b eröffnete in den 80er-Jahren Hanno von Steinaecker die Kerze. Wie der Name vermuten lässt, sorgten überwiegend Kerzen für Helligkeit im Keller. Die Kerzen und viele bemalte Bierdeckel an den Wänden machten die Kneipe ungewöhnlich. Von Anfang an lagen Gläser voller Buntstifte aus, mit denen jeder Gast seine Kunstwerke hinterlassen konnte. Die Tischplatten allerdings waren von ausgesuchten Malern verziert worden. An diesen künstlerisch gestalteten Tischplatten waren Rasseln, Trompeten und Klingeln befestigt, mit denen die Gäste bestellen konnten, ohne sich zum Tresen vorkämpfen zu müssen. Das führte zu einer sehr interessanten Geräuschkulisse, wenn an mehreren Tischen zugleich etwas bestellt wurde.

Maßkrüge unterschiedlicher Art hingen an einem Bord. Die Gäste durften nämlich ihre Lieblingstrinkbehälter aufbewahren. Im Keller stand ein Klavier und wer sich traute, die Gäste zu unterhalten, erhielt bei gelungener Performance das eine oder andere Freibier. Für den kleinen Hunger wurden mit dem äußerst scharfen Gericht „Kalaschnikow“ und der Käsespezialität „Angemachter“ zwei Hausspezialitäten serviert. Auf die Kerze folgten in den 90er-Jahren gleich mehrere Kneipen, deren Namen häufig wechselten, u. a. Kindl-Keller, Downstairs und Black Magic.

Im Café Kadenz, Jüdenstraße 17, lagen viele verschiedene Zeitungen und Journale aus. Mittags wurde ein Salatbuffet eröffnet, an dem sich jeder sein eigenes Gericht zusammenstellen konnte. Im Angebot waren außerdem verschiedene Eissorten und leckere Kuchen. In verschiedenen Gaststätten wurden früher regelmäßig Lesungen abgehalten, darunter auch im Kadenz. Während der Matinee „Spöttinger aus dem Großen Buch der Bauernregeln“ wurden deren Gedichte mit dem „hochmodernen“ Overheadprojector vorgeführt. Am Abend verwandelte sich das Kadenz in ein gut besuchtes Trinklokal.

Nach diesem kurzen Abstecher in die Jüdenstraße gehen wir zurück in die Barfüßerstraße und passieren das frühere Central-Kino mit der Central-Klause im Keller. Vom unteren Ende der Barfüßerstraße erreichen wir in der Weender Straße 32 den Europakeller, den in den 70er-Jahren Arno und Lilli aus dem Papendiek eröffneten. Aus dem Europakeller wurde in den 80er-Jahren Rollys Tanzbar.

Ein paar Häuser weiter, in der Weender Straße 38 wechselten zwischen 1980 und 1989 Kneipen und Discos wie Zille am Markt, Zum Toni, Little Pub, La Fontaine und Funky und später die weitaus bekannteren Infam, W38 und Elektroosho.

In der Weender Straße 13–15 befanden sich früher das Hotel Zur Krone und bis 1962 die Gaststätten Alte Krone und Drei Lilien. Während die Kneipe Drei Lilien dem Umbau zum Opfer fiel und in die Rote Straße umziehen musste, wurde die Wirtschaft der Krone in die neu geschaffene Kronenpassage integriert, in der es fortan auch die Union-Schänke gab. In den 80er-Jahren zog in die Union-Schänke das Marktstübchen und nach dem erneuten Umbau der Passage 1997 existierte in der heutigen Nr. 13 für kurze Zeit das Schucan und seit Ende der 90er-Jahre bis heute das Alfredo.

Wirt Hanno am Tresen der Kerze in den 80er-Jahren.

Rote Straße

Mit der Roten Straße kommen wir zu einer weiteren alten bekannten Göttinger Kneipenmeile. Beginnen wollen wir mit dem Havanna Moon in der Nr. 18, das im Juni 1985 eröffnet wurde. Vorgänger war Mall's Imbiss mit seinen leckeren Bratwürsten. Nach dem Havanna Moon existierten in dem Haus in den 90er-Jahren gleich drei andere Gaststätten: nämlich Joka, Kolibri und Sinbad. Direkt daneben, wo sich heute das Vinyl Reservat befindet, stand früher der Krug zum grünen Kranze. Das Lokal zeichnete sich insbesondere durch seine schlichte deutsche Küche mit wenigen Gerichten zu erschwinglichen Preisen aus.

Nach diesen beiden Gaststätten auf der linken wechseln wir auf die rechte Straßenseite und kommen zum Kamin. Bevor dieser Anfang der 60er-Jahre einzog, hieß die Gaststätte Wollbrecht und Zimmermann, WUZ genannt. Der Kamin sollte mehr als drei Jahrzehnte Bestand

Die Kneipenmeile Rote Straße vermutlich in den 70er- oder 80er-Jahren.

Die Gaststätte Wollbrecht & Zimmermann war der Vorläufer des Lokals Kamin.

haben. Man stieg eine halbe Treppe hinauf und kam in eine typische Holzkneipe. In den 70er-Jahren wettete ein Gast namens Hans, dass er sein Bein auf die Theke nageln könne, was er prompt demonstrierte. Er hatte nämlich zwei Holzbeine. Eine dieser Prothesen hatte am Knöchel ein Loch, wo er seine Spardose versteckte, in der er das durch die Wette erbeutete Geld aufbewahrte. Das verblüffte seinen Wettpartner sehr.

Neben dem Kamin befand sich in den 60er- und 70er-Jahren die wohl bekannteste Milchbar Göttingens. In dieser Milchbar wurde damals außer Milch reichlich Alkohol und eine Musikbox angeboten. Hier trafen sich Schüler und Studenten, die gerne in der Milchbar ihre Hausaufgaben erledigten, und viele regional bekannte Musiker. Klaus Faber, Mitglied der Band Beatnicks, kann sich daran erinnern, dass die dortige Musikbox über eine Platte mit Leerlauf verfügte, was bedeutete, dass die Gäste neben all der gewünschten Musik die Möglichkeit hatten, über die Länge eines Lieds Stille zu genießen. Er hat mit seiner Frau Heidemarie in der Milchbar Polterabend gefeiert, was zeigt, dass Milchbars auch als Kneipen genutzt wurden. Anfang der 70er-Jahre zog mit La Sicilia eine Pizzeria in die Räumlichkeiten. Erst in den 90er-Jahren wurde in direkter Nachbarschaft mit dem Franziskaner eine Kneipe etabliert, das spätere Weinstein.

Im Gasthaus Zum Engel, Jüdenstraße 13, trafen sich in den 60er-Jahren Schauspieler, Künstler und Musiker. Jo Penzlin hat oft mit dem Schauspieler Günter Ungeheuer geknobelt. Ein sehr beliebter Imbiss war das spätere Putt von Grill, das bis spät in die Nacht geöffnet hatte. 1985 übernahm das Nudelhaus die Räumlichkeiten.

Die Rote Straße als Kneipenmeile in den 80er-Jahren.

Drei Lilien

Wir queren die Jüdenstraße und kaum jemand wird sich noch an die Gasthäuser aus den 60er- und 70er-Jahren in der oberen Roten Straße erinnern. In der Nr. 12 befanden sich u. a. die Sportklause und der Biercontor. In dem Haus direkt daneben gab es bis 1962 die Neue Fink. 1872 kam es zu Streitereien zwischen dem Inhaber der Alten Fink und einigen Studenten, woraufhin diese ein neues Lokal suchten und es schließlich in der Roten Straße fanden. So kam es zu dem Namen Neue Fink. Anfang der 60er-Jahre, als es in der Roten Straße Parkuhren gab, war Jo Penzlin mit seinem Schlagzeuger hier zu Gast. Dieser beschimpfte die Gastwirtin dermaßen und ohne Unterbrechung, dass er Hausverbot erhielt. Aus Wut riss er eine der Parkuhren aus der Verankerung und bedrohte damit die Wirtin.

Aus der Neuen Fink wurde 1962 die Gaststätte Drei Lilien, die zuvor seit dem 18. Jahrhundert in der Weender Straße ihr Domizil hatte und eine bewegte Geschichte vorweisen kann. Waldemar Paul betrieb dieses Lokal seit 1930 und führte es in der Roten Straße weiter. Am 18. April 1978 übernahm es Möpi Hardenberg. Die Spezialität des Hauses war überbackener Camembert, den damals kaum jemand kannte und der noch nicht in Tiefkühlregalen zu finden war. Wie in allen anderen Kneipen, die von Hardenberg betrieben wurden, arbeiteten hier fast ausschließlich Studenten.

Innen war der Raum halbhoch getäfelt und am Eingang gab es einen Ledervorhang als Windschutz. Ins Auge fiel vor allem das große Göttinger Stadtpanorama an der Wand. Wie in so vielen anderen Kneipen wurden Doppelkopf und Skat gespielt. In den späten 80er-Jahren erschienen orientalische und türkische Spezialitäten auf der Speisekarte. Das war ebenfalls etwas Neues, denn Dönerimbisse waren noch längst nicht verbreitet. In den 90er-Jahren zog hier das Restaurant Diwan ein.

Obere Rote Straße

Nur wenige Göttinger werden sich an die zwei Häuser weiter liegende Postschänke aus den 60er- und 70er-Jahren erinnern. Wir gehen weiter bergauf und erreichen auf der rechten Seite mit den Nummern 38 und 39 zwei Häuser, in denen sich im Laufe der Geschichte viele verschiedene Kneipen befunden haben. In der Nr. 38 begann während der 60er-Jahre alles mit dem Gambrinus, aus dem später die Kleine Lupe, das Chaos und das Relax hervorgingen. Das Gambrinus gehörte einer italieni-

Die obere Rote Straße, ca. 60er-Jahre.

schen Familie und war eine typische Göttinger Bürgerkneipe für die Nachbarschaft. Studenten traf man eher selten an. Der Betreiber der Alten Kate in der Kurze-Geismar-Straße kam gerne mittags zum Biertrinken mit ein paar Bediensteten ins Relax. Heute befindet sich in den Räumlichkeiten Hansis Bierstübchen.

Direkt daneben gab es ab den 70er-Jahren mit dem English Pub, Holzwurm, Talk und Tiger mehrere Kneipen. Im Tiger, der wohl die längste Zeit hier residierte, traf sich ein Teil der links-alternativen Szene.

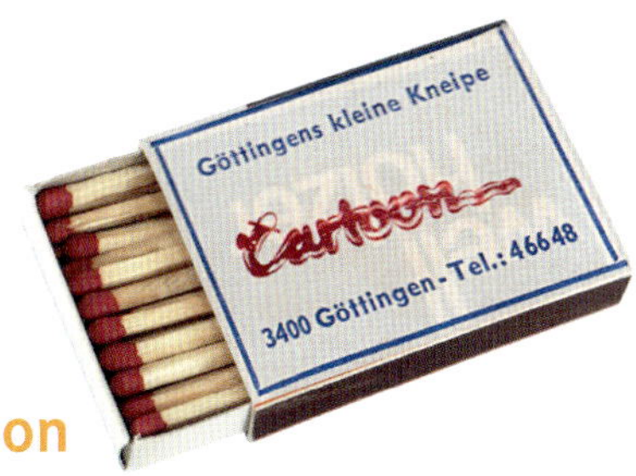

Cartoon

Danach geht es weiter hinauf bis zum Albanikirchhofplatz, auf dem sich vor dem Cartoon die Albanigaststätte befand. Sie erlangte nicht eine solche Berühmtheit wie das spätere Cartoon. Wer von den alten Stammgästen hat nicht sofort den Hut und die Knollennase auf dem C des Schriftzuges Cartoon vor Augen?

Das Cartoon gehörte dem Rheinländer Rainer Podszun, der für seine Cocktails berühmt war. Christian Bosse, dem später das Charly Max gehörte, war anfangs Mitbesitzer.

Rainer veranstaltete regelmäßig Quiz-Hitparaden, bei denen die Lieder und deren Interpreten erraten werden mussten. Der Gewinn wurde flüssig ausgezahlt. Neben seinen unzähligen Cocktails, die zum Teil nach Göttinger Unternehmen benannt wurden, schenkte er als Rheinländer auch Kölsch aus. Aber er war sich nicht zu schade, ebenso das Alt zu servieren, und bemühte sich so um eine Aussöhnung der beiden Städte, in denen diese beiden Biere normalerweise exklusiv getrunken werden. Rainer war frankophil, weshalb er jedes Jahr am 14. Juli den Nationalfeiertag der Franzosen feierte und jeden Mittwoch zu französischer Musik Crépes, Paté, Quiche und andere Spezialitäten unseres Nachbarlandes anbot. Selbst die Aschenbecher machten Werbung für Gauloises.

Bei Rainer gab es Bier-, Saft- und Weinpässe, mit denen im Voraus mehrere Getränke für einen darin enthaltenen Mengenrabatt erworben werden konnten. Einmal zahlen und zehnmal trinken war das Motto. Diese begehrten Pässe wurden bei vielen Aktionen und Quizveranstaltungen als einer der Hauptgewinne ausgeschüttet.

Mit den Cartoon-Nachrichten gab es eine eigene Thekenzeitung und an einem Message-Board konnten mit kleinen Zetteln Nachrichten hinterlassen und gelesen werden. In seltenen Fällen wurde die Stunde angekündigt, während der Bier für eine Mark ausgeschenkt wurde. Was waren das noch für Zeiten! Zu essen gab es reichlich; bei den Gästen waren vor allem die Mitternachtsspaghetti mit Bolognese für 3,- DM sehr beliebt.

Rainer wohnte oberhalb der Kneipe und es war ihm sehr wichtig, diese zu Weihnachten schön zu schmücken. Anfangs verkleidete er sich in Faschingsmanier als Nikolaus, später fand er mit der rothaarigen Geelke eine Frau, die sich traute, als Nikolausfrau mit Strapsen aufzutreten. Sie selbst gehörte übrigens zu den Künstlerinnen und Künstlern, die in der Kneipe ihre Bilder ausstellten.

Der Albanikirchhof mit dem Cartoon, links im Bild.

Interessant war die Gaststätte wegen der wechselnden Kunstausstellungen und neuen Wandverkleidungen. Einmal hing über dem Tresen ein Surfbrett, ein andermal zogen sich Wäscheleinen mit verschiedenen Plattencovern durch das Lokal. Hin und wieder liefen Diashows in Endlosschleife. So mancher Stammgast durfte sogar seine Urlaubsfotos abspielen.

Als Rainer starb, ging leider auch im Cartoon das Licht aus. Vom Albanikirchhof geht es die Lange-Geismar-Straße hinunter und zu einer der ersten Discos in Göttingen, der Wallnuss.

Cartoon

Göttingens mieseste Kneipe

Albanikirchhof 5/6 · 3400 Göttingen
Telefon 4 66 48
Inhaber: Rainer Podzun

Es erwartet Euch eine **nüchterne** Atmosphäre, besonders **lahmes** Personal, **schlechte** Musik, **warmes** Bier, **kaltes** Essen und ein **unmöglicher** Wirt.

Solltet Ihr nichts Besseres vorhaben,
/ersaut Euch den Abend mal so richtig bei uns!

Eine Nuss am Wall als erste Disco in Göttingen

1964 eröffnete in der Lange-Geismar-Straße 73 in den ehemaligen Räumen der Stadtbibliothek als erste Diskothek in Göttingen die Wallnuss. Das Doppel-L im Namen steht für den Wall, an dem das Tanzlokal lag. Mit der Beatwelle in der zweiten Hälfte der 60er-Jahre kamen viele englische Bands in das Lokal. Örtliche Beatbands wie The Blue Moons und The Original Beatnicks aus Göttingen sowie die Sonics aus Kassel veranstalteten regelmäßig Konzerte in der Wallnuss. In den damals sehr beliebten Beat-Battles traten die verschiedenen Beatbands sogar gegeneinander an. Ende der 60er-Jahre kam es aufgrund wilder Schlägereien zu mehreren Polizeieinsätzen und die Wallnuss wechselte Namen und Besitzer. Aus ihr wurde der Old Ranch Club und später das Plüsch. Trotzdem sollten die Polizeieinsätze nicht weniger werden. Zu den Schlägereien kamen Drogenrazzien hinzu, weshalb diese Clubs nach ein paar Jahren wieder schließen mussten. Eine kurze, aber wilde Zeit in der Lange-Geismar-Straße 73.

Cornpicker

Der Grafiker Dietmar Brandt hatte das Karstadt-Logo entworfen, von dem Honorar richtete er das Cornpicker in der Lange-Geismar-Straße 16 ein. Die Wände der Innenräume bestückte er mit eigenen Grafiken. Ihren Namen hatte die Kneipe von einer lokalen Jazzband und sonntagmorgens gab es regelmäßig ein Jazzkonzert. Montags war Professorenstammtisch im Cornpicker, zu dem Prof. Schwippe aus dem Deutschen Primatenzentrum regelmäßig kam. Mit der „last order" in der Gaststätte bat Herr Schwippe die Barkeeper darum, im Trou anzurufen, damit für ihn dort schon mal ein Bier

Die Diskothek Wallnuss war in den 60er-Jahren schwer angesagt.

gezapft würde. Aus dem Cornpicker entstand in den 80er-Jahren das bisher einzige original englische Pub: The King's Arms. Der Wirt Tony kam aus Tavistock in der Grafschaft Devon und dekorierte die Kneipe mit Bildern und Mobiliar aus England. Auf dem Tresen standen echte englische Bartowels und im Regal über 30 verschiedene Sorten Single Malt und 20 Blended Whiskys. Dazu kam eine Tabak-Bar und zum Essen Cornish Pasty, weshalb viele Besucher dachten, sie wären in England und nicht in Göttingen, sobald sie die Türschwelle überquert hatten.

Das Kleine Café

Wenn wir die Lange-Geismar-Straße drei Häuser weiter nach unten gehen, stehen wir vor dem Kleinen Café aus den beginnenden 70er-Jahren. Heute kennt es jeder unter dem Namen Esprit. Im Kleinen Café konnten die Gäste unter mehr als 20 Teesorten wählen. Für Menschen, die es eilig hatten, wurde das „Speedy" angeboten, ein Frühstück, das nur aus einem belegten Brötchen und einer Tasse Kaffee bestand. Das Café war bekannt für seine vielen Gesellschaftsspiele. Von den späten 80er-Jahren bis 1991 waren das Esprit und das Kleine Café im gleichen Haus untergebracht. Nach dem großen Umbau verschwand das Kleine Café.

Goldener Löwe

Bis 1982 fand der Goldene Löwe in der Lange-Geismar-Straße kaum Beachtung, aber dann wechselte der Besitzer. Er schmiss alles Verrauchte und die vergilbten Gardinen raus. Danach war der Goldene Löwe zumeist gut besucht und für den Besitzer ein Dreivierteljahr lang wahrhaftig eine Goldgrube. Als der Pachtvertrag auslief, blieb die Kneipe unter dem neuen Pächter nur noch für kurze Zeit eine beliebte Anlaufadresse in Göttingen.

Vom Pferd zur Kokosnuss

Dort wo heute Mc Paper untergebracht ist, in der Lange-Geismar-Straße 49, sind früher viele Göttinger bis in die Morgenstunden eingekehrt. Anfang der 60er-Jahre hieß das Lokal Zur Neuen Börse, anschließend Delfter Stuben – mit Kacheln aus den Niederlanden an den Wänden

– und seit dem 16. Juli 1973 Panhas, Pilaf und Co. (PPC). Der Name kombiniert ein westfälisches und ein anatolisches Gericht, die nicht unbedingt Spezialitäten der Gaststätte waren. Aus dem PPC ging schließlich das Morisco hervor, in das nur Gäste hereinkamen, die einen Schlüssel besaßen. Schlüssel mit den Ziffern von 1 bis 20 waren sehr beliebt, denn die

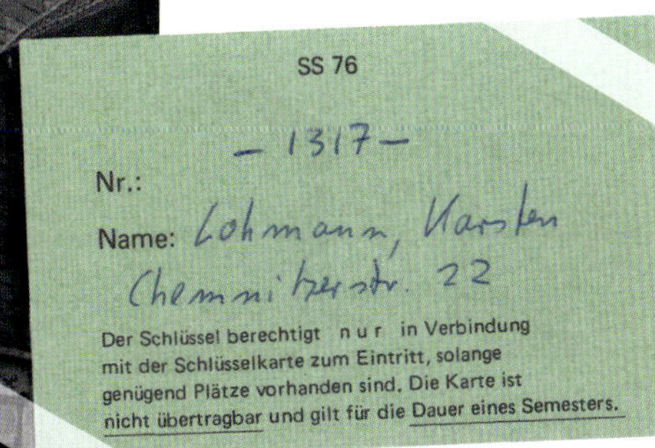
SS 76

Nr.: – 1317 –

Name: Lohmann, Karsten

Chemnitzerstr. 22

Der Schlüssel berechtigt nur in Verbindung mit der Schlüsselkarte zum Eintritt, solange genügend Plätze vorhanden sind. Die Karte ist nicht übertragbar und gilt für die Dauer eines Semesters.

Eine der begehrten Schlüsselkarten fürs Morisco.

Die Neue Börse in der Lange-Geismar-Straße 49 in den 60er-Jahren.

Barry Bisson und Bernd Schubert spielten im Panhas.

Fasching im Morisco 1982.

Fröhliche Stimmung im Coconut 1983.

Das Bier im Coconut fließt in Strömen.

bekamen nur Leute, die zum inneren Kreis der Gaststätte gehörten. So entwickelte sich die Kneipe allmählich zu einem „Schlüsselklub“. Das Morisco war nach einem Hengst benannt, denn Möpi Hardenberg, der Betreiber dieses Lokals, war wie die meisten in seiner Familie Pferdeliebhaber. Vor allem die Gäste aus dem Pegasus gingen gerne nach der Sperrstunde in das Morisco, wo oft bis 4 oder 5 Uhr weiter gefeiert wurde. Außerdem bot das Morisco den Schülern ein Tanzvergnügen: die Sonntags-Teenie-Disco.

Aus dem Morisco ging das nicht weniger legendäre Coconut hervor. Wie in so vielen anderen Kneipen der damaligen Zeit waren hier vor allem die Baguettes sehr beliebt. Auf der Getränkekarte fanden sich Cocktails und vieles mehr. In der Bine tanzten die „Popper“, im Pink schwofte die alternative Szene u. a. zu New-Wave, doch am frühen Morgen trafen sich alle im Coconut wieder.

Kontrast, Omega und Malibu

Eine der bekanntesten Keller-Discos in Göttingen, an der Ecke zur Lange-Geismar-Straße 33, erreichten Gäste über eine steile Treppe von der Mauerstraße aus. Vorsicht und Nüchternheit waren geboten, wollte man mit den Füßen zuerst im Eingangsbereich ankommen. In den 70ern nannte sie sich Kontrast, in den 80ern Omega, später Malibu. Im Omega legte der legendäre „Nase“ auf. Wegen der Dunkelheit im Keller wurde nur aus Flaschen getrunken. Das Anstoßen der vielen Bierflaschen sorgte für einen zusätzlichen Beat.

In der Lange-Geismar-Straße 47, wo sich heute mit dem Meyers eine Gaststätte befindet, waren früher der Ammerländer Hof und in den 80er-Jahren La Toscana, beides klassische Holzkneipen mit schönem Hofgarten. An das Sachsenross aus den 60er-Jahren in der Lange-Geismar-Straße 44 wird sich wohl kaum jemand in Göttingen erinnern.

Bei Selle

Bei Luzie Selle in der Lange-Geismar-Straße 40 konnte man außer Getränken auch ihre berühmten Eintöpfe anschreiben lassen. Manchmal stapelten sich die verschiedenen Deckel in die Höhe, aber irgendwann wurden alle offenen Rechnungen beglichen. Einige Deckel wurden sogar per Post bezahlt mit der häufigen und damals geläufigen Angabe „Für Strahlenschutz". Dies verleitete den Postboten irgendwann zu der Frage, ob hier eine Atombombe gebaut würde, dabei stand der Begriff Strahlenschutz bei den Studenten für reichlichen Bierkonsum. Neben den preiswerten Eintöpfen waren das Eisbein und die Haxen berühmt. Jeden Dienstag servierte die Wirtin frische Muscheln. Von 1957 bis 1974 betrieben Siegfried und Luzie Selle diese urige Kneipe in der Lange-Geismar-Straße. Wie es

Der Eingang zur Cocktailbar Roxy, hier befand sich früher die Bar Selle.

sich für eine gute Kneipenmutter gehört, hatte Luzie ein Ohr für die Probleme ihrer Gäste, weshalb sie Studentenmutter oder einfach nur Mutter Selle genannt wurde. Später zog das Roxy in diese Räumlichkeiten. Es entwickelte sich neben dem Cartoon zu einer der ersten Cocktailbars in Göttingen und stand im absoluten Kontrast zur urigen Kneipe von Luzie Selle. Sie wurde modern mit Neon-Beleuchtung eingerichtet und bot eine gute Alternative zu den vielen holzvertäfelten Kneipen in Göttingen. Heute befindet sich hier ein vegetarisches Restaurant mit dem Namen Naturell, das seit den 80er-Jahren betrieben wird.

Garb

Von der Lange-Geismar-Straße gehen wir in die Mauerstraße 6, wo sich in den 80er- und 90er-Jahren das Garb befand. Dieses wurde im Stil des „Berliner Trash" eingerichtet, wirkte also ein wenig heruntergekommen. Als Besonderheit gab es einen alten Autoscooter und als Gag waren Tischtelefone eingebaut. Wegen der lauten Musik waren die jedoch kaum brauchbar. Die Wände waren mit den verschiedensten Postern und Bildern geschmückt. Wie im Pegasus 1974 übertrug das Garb die Fußballweltmeisterschaft 1990 auf mehreren großen Fernsehern. Das Lokal war so rappelvoll, dass die Leute durchs Fenster hereinkletterten. In direkter Nachbarschaft war in den 60er-Jahren in der Kurze-Geismar-Straße 38 die Gaststätte Zum Goldenen Stern und in den 70er-Jahren die Rauchkate, später Alte Kate. Hier trafen sich Menschen aus allen Milieus.

Session im Spektrum mit Kneipen-Chef Güven.

Auf das Garb folgte das Spektrum und ein komplett neues Kneipenkonzept. Das deutsch-türkische Ehepaar Erdil etablierte Mitte der 90er-Jahre eine Musikkneipe, in der Kurden, Griechen und alle Kulturen der Welt zum Trinken und Musizieren willkommen geheißen wurden. Ab 22 Uhr wurde zu orientalischer Musik getanzt. Ende der 90er-Jahre wurde das Spektrum vom Exit abgelöst.

Zur Rose

Es geht weiter die Kurze-Geismar-Straße entlang zur Kultgaststätte Zur Rose. „Lenchen" Heise betrieb diese mit ihrem Ehemann und war in Göttingen stadtbekannt. Wie es bei Kneipenwirtinnen und -wirten vorkommt, war sie hin und wieder selbst ihr bester Gast. Doch die Namen ihrer Gäste wusste sie trotzdem. Mit dem ein oder anderen schwang sie sogar das Tanzbein. Nicht jeden Gast behandelte sie freundlich, sie konnte durchaus ungemütlich werden. Ihren Mann Günther nannten die meisten Gäste „Ömmers". Als er einmal wegen seiner Gichthände in der Medizinischen Fakultät den Studenten vorgestellt wurde, begrüßten ihn diese mit einem lautstarken „Hey Ömmers". Wie in anderen Kneipen trafen sich einige Gäste gerne regelmäßig zum Skat- oder Doppelkopfspielen. Neben verschiedenen Biersorten genossen die Gäste Riesenschnit-

Das Gasthaus Zur Rose, vermutlich in den 60er-Jahren.

zel zu günstigen Preisen. Da „Lenchen" aus dem Rheinland kam, wurde auch Kölsch ausgeschenkt. In der Faschingszeit war das Lokal bunt geschmückt, was für die Göttinger ungewohnt war.

Badische Winzerstube

Mit der Badischen Winzerstube gab es in der Kurze-Geismar-Straße über drei Jahrzehnte auch eine Weinstube. In den Ecken der Gaststätte hingen Weinfässer an den massiven Eichenbalken und der Holzvertäfelung. Die alten Gläser und Kerzen auf den Tischen sorgten für ein uriges und gemütliches Ambiente. In diesem Lokal genossen Gäste die Ruhe, der Wirt verzichtete bewusst auf Musik. Angeboten wurden zahlreiche Weinsorten und im hinteren Raum viele Bücher und verschiedene Schriften zum Thema Wein. Wie in so manchen damaligen Kneipen verfügte das Weinlokal über eine Tabak-Bar.

KAZ-Keller

Nach der Badischen Winzerstube geht es weiter in Richtung Geismartor und durch den schmalen Gang zum Wochenmarktplatz in den KAZ-Keller. Das KAZ steht für Kommunikations- und Aktionszentrum, eine seit den 70er-Jahren städtisch geförderte Kultureinrichtung. Als das Junge Theater aus der Geismar Landstraße ins Otfried-Müller-Haus umzog, entstanden mit dem Gasthaus im JT und FORUM im JT zwei gastronomische Betriebe unter der Leitung des Jungen Theaters. Aus dem FORUM im JT wurde schließlich der KAZ-Keller, da der Name FORUM in die Kritik geriet, weil das Logo dem gleichnamigen DDR-Jugendfestival stark ähnelte. Das Gasthaus im JT war eine gut besuchte Gaststätte mit vielen Veranstaltungen, aber wir wollen uns hier mehr mit dem KAZ-Keller beschäftigen. Anfangs wurden Kunstausstellungen präsentiert und es lagen Musikinstrumente zum Spielen aus. Auf dem Kulturprogramm standen Lesungen und Musikveranstaltungen. Neben Göttinger Musikern aus den Bereichen Folk-, Jazzmusik und Liedermacher wurden Bands gefördert, die in ihren Herkunftsländern nicht frei auftreten konnten. Z. B. chilenische Musikgruppen, die während der Pinochet-Diktatur kritisch beäugt wurden. Mit einem solchen Kultur- und Aktionsprogramm verwundert es nicht, dass der KAZ-Keller zur Anlaufstelle vieler linkspolitischer Studenten wurde. So flüchtete einmal eine Gruppe von „Autonomen" vor der Polizei in den KAZ-Keller, diese wartete am Eingang des Wochenmarktes, um sie bei Dienstschluss der Kneipe in Empfang zu nehmen. Die Gruppe verließ das Haus jedoch über den Eingang der Hospitalstraße, eine Möglichkeit, die die Polizei anscheinend nicht kannte.

Die Getränkepreise im KAZ waren relativ günstig, was sich aber auf den Lohn der Mitarbeiter nicht negativ auswirkte, da der Keller zumeist gut besucht war. Die Belegschaft erhielt Freibier. Für das leibliche Wohl gab es Bouletten.

Im Sommer verlagerte sich bei gutem Wetter das Geschehen aus den beiden Lokalen Gasthaus im JT und KAZ-Keller nach draußen auf den Wochenmarktplatz. Mit etwa 600 Sitzplätzen verwandelte sich dieser zum größten Biergarten Göttingens. Das Kulturprogramm zu den Altstadtfesten, an denen die Kneipen beteiligt waren, führte dazu, dass der Wochenmarktplatz mit seiner Bühne zu einem der beliebtesten Veranstaltungsorte des Festes wurde.

Nach dem Samstagseinkauf zum Frühschoppen in den Maßkrug.

Ende der 90er hieß der KAZ-Keller für jeweils kurze Zeit Mitte und Möbius. Später wurde daraus der JT-Keller.

Die Kneipe ZAK auf der anderen Seite des Platzes hat einfach die Buchstaben vertauscht und ist so zu ihrem Namen gekommen. Vom Wochenmarktplatz (auch KAZ-Platz genannt), kommen wir durch die Unterführung direkt zur Kurze Straße. Wenn wir links einbiegen und in Richtung Hospitalstraße laufen, erreichen wir in der Kurze Straße 2 das Köpi. Wegen seiner günstigen Preise für alkoholfreie Getränke und der vielen angebotenen Gesellschaftsspiele lockte es vor allem Schüler an. Das Köpi zeigte Sport- und Konzertübertragungen und jeden Samstag die Sportschau. Königs-Pilsener, Mönchshof Kloster Schwarzbier und Hannen Alt, klassische Baguettes und mit Käse überbackene Zwiebelsuppe waren Spezialitäten des Hauses. Im Keller konnte gekegelt werden. Wie überall auf der Kurze Straße verlagerten im Sommer die Kneipen Tische und Stühle nach draußen. Wir gehen die Kurze Straße ein Stück zurück und kommen zum Maßkrug, einer weiteren Kultkneipe der 80er- und 90er-Jahre.

Maßkrug

Bis Anfang der 70er-Jahre noch Bayern-Bräu-Schänke, wurden im Maßkrug neben Guinness, Hannen Alt, Tuborg und Henniger verschiedene andere Biersorten serviert. Vor allem die Samstags-Frühschoppen sind vielen Göttingern in Erinnerung. Zahlreiche Leute kamen nach ihren Einkäufen mit Tüten bepackt in die Kneipe. In den 90er-Jahren war die Wirtin Ute Karasch der Meinung, was für Kinder gut ist, sei auch für Erwachsene gut. Deshalb führte sie Spiele wie Topfschlagen ein, was zur Verwunderung eintreffender Gäste dazu führte, dass so mancher Gast mit verbundenen Augen auf dem Boden herumkroch. Legendär waren neben den unterschiedlichsten Gesellschaftsspielen die Tipp-Kick-Tuniere, Fahrrad- und Fußgänger-Rallyes und die Maßkrug-Squash-Turniere, deren Siegerehrungen bei Oldies und Schlagern bis zur Sperrstunde andauerten.

Die riesigen Maßkrug-Baguettes waren beliebt. Schmalzbrot mit Gurke, Serbische Bohnensuppe und Schnapsspezialitäten wie Diabolo mit Chili und Candidel mit Kaffee wurden ebenfalls gerne konsumiert.

Schwarzer Bär

Die Anfänge der Traditionsgaststätte Schwarzer Bär in der Kurze Straße 12 reichen zurück bis ins 17. Jahrhundert. Ein Hut im Schaufenster der Gaststätte soll Otto von Bismarck gehört haben, der dieses Lokal während seiner Göttinger Studentenzeit gerne besuchte. Seit 1872 tagte mit der Bären-Gemeinde einer der ältesten Stammtische im Schwarzen Bären. Dieser Männerbund ist aus dem 1857 gegrün-

Die Traditionsgaststätte Schwarzer Bär, rechts im Bild, in dem schönen Fachwerkhaus aus der Renaissance.

deten Bären-Klub hervorgegangen und traf sich jeden Freitag. Um 19:30 Uhr wurde das Bärenritual vollzogen, bei dem das Lied der Gemeinde gesungen wurde. Weitere Bestandteile des Rituals waren Platzpatronenschüsse mit einer Pistole sowie ein Schlag mit der angeblich längsten Stimmgabel der Welt auf einen Holzbären, der sich daraufhin bewegte und zu knurren begann. Ich habe selbst dieses Ritual miterleben dürfen.

Leider wurde das Haus 2011 verkauft und befindet sich seitdem im Bauzustand. Zuletzt betrieb das Ehepaar Butz den Schwarzen Bären über 20 Jahre; seine Bratkartoffeln waren sehr beliebt. Neben den Bratkartoffeln gab es die Bärensuppe als hausgemachte Spezialität, die flambiert serviert wurde. Wer es ritterlich mochte, kehrte in den Rittersaal ein. Nach dem einen oder anderen Altstadtfest wurden berühmte Musiker in den Schwarzen Bären eingeladen, die sich natürlich ins Gästebuch eingetragen haben. Neben der Bärengemeinde nutzten der Rotary Club und viele andere Verbindungen die Gaststätte für ihre Stammtische.

In der Kurze Straße 10 gab es Anfang der 60er-Jahre den Unterstand und später die berühmte Schlachterei HoppeHappen, die nicht wenige der in diesem Buch erwähnten Kneipen versorgte.

Sonderbar

Manche Göttinger erinnern sich vielleicht an die Alte Sportklause aus den 70er-Jahren und Zum Korken aus den beginnenden 80er-Jahren. Im Korken war die Wirtin Olga bekannt, oft sagten die Gäste: „Wir gehen zu Olga." Dort gab es Kugelgläser und die Wirtin fragte ihre Gäste „Wie viele Kügelchen?" oder „Noch ein Kügelchen?".

Überregional bekannt ist die Gaststätte bis heute als Sonderbar. Die Sonderbar wurde in den 80er-Jahren von einigen jungen Leuten gegründet, die zuvor bereits mit dem Déjà Vu erfolgreich waren. Bis heute gilt das Motto: „Je später der Abend, umso sonderbarer die Leute." Heute haben die beiden Kneipen Déjà und Sonderbar am längsten in Göttingen geöffnet.

Inzwischen sind wir ganz in der Nähe unseres Ausgangspunktes angelangt, wenden uns in Richtung Westen und gehen nach links in die Nikolaistraße.

Die Klimperkiste am Nikolaikirchhof verdankte ihren Namen einem Pianola, einem selbst spielenden Klavier, das aber nur noch selten Töne von sich gab. Überall in der Klimperkiste standen kleine Schälchen mit Erdnüssen aus, deren Schalen oft auf dem Boden lagen, sodass zur Gaststätte eher der Namen Knirschkasten gepasst hätte. Sie hätte ebenso gut Flimmerkiste heißen können, denn während der Woche wurden regelmäßig Kurzfilme gezeigt. Es gab auch das Polkwitz mit seiner berühmten Polkwitz-Rallye und das Petticoat, das Protz und das Baluba. Die Ausstattung des Petticoats erinnerte an Göttingen als Filmstadt in den 50er-Jahren. Die Lampen hatten die Form der damals modischen steifen Röcke. Heute befindet sich hier das P-Café.

Die Sonderbar Anfang der 90er-Jahre.

Das Quick

Das Quick in der Nikolaistraße 19 existierte in Göttingen über 60 Jahre lang und hätte seinen Kultstatus ohne die seit Anbeginn präsente Wirtin Christa Haase sicherlich nicht erlangt. So verwundert es nicht, dass mit ihrem Tod Anfang 2022 diese Gaststätte begleitet von Trauerkerzen und Blumensträußen zu Grabe getragen wurde. Die urige Eckkneipe besaß bis zu ihrem Ende die Originaltheke von 1958. Viele ihrer Gäste bezeichneten Christa Haase als Mutter Beimer der Nikolaistraße. Eines ihrer Zitate lautete: „Ich bin ja auch noch die Kindergartentante. Betrunkene sind ja manchmal wie kleine Kinder." Wahrscheinlich kann man Christa Haase zahlreiche Superlative zuschreiben und mit dem Besitz der angeblich kleinsten Whiskyflasche der Welt verfügte sie sogar über einen. Carl Friedrich von Weizsäcker, Götz George, Gerhard Schröder oder Heinz Erhardt gehörten zu ihren Gästen.

Bine Gassmann

In der Nikolaistraße 9 waren ebenfalls einige Gaststätten ansässig. In den 80er-Jahren u. a. Kropp M., in den 90er-Jahren Chicsaal und Faces. Das Faces war eine der letzten Schwulenkneipen in Göttingen. Wir wollen uns aber ein paar Meter weiter in Richtung der Nikolaistraße 22 bewegen und gehen zu Bine Gassmann, benannt nach einem alten Göttinger Original. Wer erinnert sich nicht an die Theke in der Mitte der Gaststätte, die komplett umrundet werden konnte, und an die spiegelverkleideten Säulen, in denen sich so manche Tänzer bewundern konnten. Die Tanzfläche am Ende des Raumes hinter der Theke wurde im Sommer zum Garten hin geöffnet. Wolfgang Richter hat die Gaststätte von 1982 an mit seiner Frau betrieben und in dieser Zeit viel erlebt. Beim Altstadtfest 1985 fand ein Draisinenrennen in der Johannisstraße statt und für die Bine hat Daniel, einer der Bediensteten, die Draisine gelenkt, was zu einem kostspieligen Spektakel führen sollte. Einige Geschäfte hatten ihre Markisen heruntergefahren, und da die Draisinen sehr hoch bebaut waren, riss Daniel bei seiner Kamikazefahrt zwei dieser Markisen herunter.

Viele Gäste kamen direkt aus einer Kneipe zur Bine. So wie die Basketballer des ASC Göttingen, die zumeist vom Altdeutschen zur Bine wechselten. Es war auch die ein oder andere Berühmtheit in der Bine zu Besuch. So kam z. B. der NDW-Star Markus in den 80er-Jahren in die Bine und bestellte einen Metternich-Sekt. Die 40,- DM für den Sekt schuldet er Wolfgang bis heute, denn er verließ die Gaststätte, ohne seine Rechnung zu begleichen. Markus wollte eben Spaß, weshalb es ein Metternich statt der günstigeren im Angebot befindlichen Sektsorten sein musste. Wolfgang kann sich gut an den Schauspieler Werner Enke erinnern, der sich sturzbesoffen auf die Theke stützte.

Die Sänger Udo Jürgens und Matthias Reim waren ebenfalls des Öfteren in der Bine. Mit Letztgenanntem war Wolfgang befreundet, was dazu führte, dass der Sänger ihm sogar beim Streichen der Bine half. Er widmete der Bine ein eigenes Lied, das heute kaum jemand kennt. Woran sich aber viele erinnern ist, dass kurz vor 1 Uhr nachts als Rausschmeißer „New York, New York" von Frank Sinatra gespielt wurde.

Andrea Werner (später Richter) in der Bine Gassmann 1983.

Wolfgang war mit dem Kneipenwirt Rainer vom Cartoon befreundet und an einem Wochenendtag wechselten die beiden jeweils ihre Lokalität, um für den anderen hinter der Theke das Bier zu zapfen. Nachdem Wolfgang die ganze Nacht wie verrückt im Cartoon gezapft hatte und die Kneipe geschlossen wurde, ging er zu seinem Lokal und musste schmerzlich beobachten, dass Rainer mit vielen Damen vor und nicht hinter dem Tresen stand. Rainer war allgemein dafür bekannt, junge Frauen um sich herum zu scharen. Trotzdem mündete die Freundschaft der beiden Kneipenwirte in einem gemeinsamen Werbeprojekt, nämlich in Streichholzpackungen, die auf einer Seite die Cartoon- und auf der anderen Seite die Bine-Gassmann-Aufschrift trugen.

Panoptikum

Direkt neben der Bine, wo sich heute das Pirates befindet, waren in den 80er- und 90er-Jahren so einige Gaststätten wie Amphora, Jornal, Bei Tex, Downtown, Schatulle und Alibi untergebracht. In den 90er-Jahren zog das Panoptikum ein. Für diejenigen, die in Göttingen kein Ende beim Feiern finden konnten, gab es eine finale Reihenfolge von drei Kneipen in der Innenstadt. In der Sonderbar blieben bereits viele auf der Strecke und diejenigen, die noch laufen konnten, gingen anschließend ins Déjà Vu. Wer danach einigermaßen aufrecht stehen konnte, ging ab 6 Uhr ins Panoptikum, das zu dieser Zeit erst öffnete. Neben all den Volltrunkenen waren regelmäßig einige zwielichtige Gestalten zu Gast. Es war auch eine Auffangkneipe für Prostituierte, Zuhälter, Türsteher und sonstiges Publikum aus dem Göttinger Nachtleben.

Alte Fink

Wir gehen weiter und kommen zur Alten Fink. Hierbei handelt es sich um eine Kneipe, die samt Haus im Jahre 1899 in die Nikolaistraße 1b umzog, denn um die Fassade des schönen Renaissancegebäudes aus dem Jahr 1585 zu

Das Panoptikum in den 90er-Jahren.

Die Gaststätte Alte Fink war seinerzeit so bekannt, dass selbst eine Postkarte mit unvollständiger Adresse ankam.

erhalten, hat man sie einfach an einem anderen Ort wieder aufgebaut. Als sich die Kneipe sowie das Haus noch in der Groner Straße 29 befanden, lag im Briefkasten eine wirklich interessante Postkarte, die nur mit Alte Fink Europa adressiert und aus Hawaii abgeschickt worden war. Früher stellte die Post gerne unter Beweis, dass es ihr gelingt, Karten trotz rudimentärer Adressangaben zuzustellen. Ein Amerikaner, ein Engländer und ein Franzose tauschten sich in Honolulu über ihre Reiseerlebnisse aus und alle konnten sich an die Alte Fink erinnern, aber nicht mehr daran, in welchem Ort oder gar Land sich die Kneipe befunden hat. So kam es zu dieser Postkarte, in der sich die drei für den schönen Abend in der Alten Fink bedankt haben und die nach Jahren eines Irrwegs schließlich ankam. Der Name der Kneipe stammt übrigens von Heinrich Albert Finke und dessen Sohn Eduard, der die Gaststätte in Gedenken an seinen Vater „Alte Fink“ nannte. Mit der oben beschriebenen Geschichte wurde der Name später auf Alte Fink Europa erweitert.

Oberhalb der Alten Fink gab es mit Pink, Flash und Oper in den 80er- und 90er-Jahren drei verschiedene Discos. Bis heute gibt es Revival-Partys, die an diese alten Zeiten erinnern. Das Pink war überwiegend eine Studentendisco und so verwundert es nicht, dass die Einrichtung auf das Wesentliche beschränkt war. Es war viel Platz zum Tanzen vorhanden, da keine unnötigen Stühle und Tische störten. Getanzt wurde zu New Wave, Rock, Funk, Reggae und vielem mehr – gerne barfuß und in sehr bunten und schrillen Klamotten. Unten eröffneten mit La Pergola, Canapé, Taco Lindo und Onkel Dittmeyer im Laufe der Zeit einige Lokale, in denen zumeist Billard, Dart und Kicker gespielt wurde.

Wir gehen weiter ins Juzi, das 1982 als Jugendtreffpunkt gegründet worden war und in dem über die Jahrzehnte verschiedene Veranstaltungen stattfanden. So organisierte z. B. die „Family of Love“ in den 90er-Jahren jeden Montag einen Techno-Club. Das Juzi versteht sich als antifaschistisch und war von jeher Treffpunkt verschiedenster linkspolitischer Gruppen. Bis heute gibt es den Mittwoch-Stammtisch, weshalb das Juzi als Kneipe durchaus seine Berechtigung hat, um in diesem Buch erwähnt zu werden.

Vom Juzi gehen wir zurück und biegen links in die Hospitalstraße ein. Dort wo sich früher der Helco-Supermarkt befand, eröffnete in den 80er-Jahren mit dem Carree die erste Göttinger Großraum-Kneipe mit mehreren Billardtischen. Für Konzerte wurden die Tische zusammengeschoben und mit Holzbrettern zu einer Bühne verwandelt. Aus dem Carree ging schließlich der heutige Monrose Park hervor.

Déjà Vu

Schräg gegenüber vom Monrose Park befindet sich in der Gartenstraße 14 das Déjà Vu, das nur Déjà genannt wird. Diese Kneipe sollte von Anbeginn an gut laufen, was an der modernen Einrichtung lag, denn das Déjà hob sich stark von den alteingesessenen Kneipen ab. In der 1984 von Göttinger Studenten eröffneten Kneipe traf man sich in den 80er- und 90er-Jahren tagsüber und am frühen Abend. Es war eine Starterkneipe, von der aus es weiter in andere Lokalitäten ging. Um die Jahrtausendwende kam es zum Wandel hin zu einer Absturzkneipe und kaum jemand würde heute auf die Idee kommen, sich hier tagsüber

Das Déjà, ganz rechts im Bild.

oder am frühen Abend zu verabreden, zumal das Déjà inzwischen tagsüber meist geschlossen ist. In seltenen Fällen öffnet es im Sommer früher, wenn der schöne Terrassenplatz mit Liegen und Stühlen zum Verweilen einlädt. Dies machten sich bereits die Betreiber in den 90er-Jahren zunutze.

Beim damaligen Straßenumbau wurde der komplette Platz aufgerissen und die Gäste des Déjà widmeten die Baustelle in eine Strandbar um, indem sie Liegen und Tische in der großen Sandkuhle aufstellten. Unabhängig von den veränderten Besuchszeiten hatte das Déjà bereits damals lange geöffnet. Ute und Roland lernten sich im Déjà 1993 um 4 Uhr morgens kennen. Heute sind die beiden immer noch zusammen und hatten bereits Silberhochzeit. Sie waren Betreiber des Exit in der Mauerstraße.

So wie das Trou die Stammkneipe von Gerhard Schröder war, war das Déjà die Stammkneipe von Jürgen Trittin. Vor dem Déjà existierte bereits eine Kneipe mit dem Namen Tarzan, die aber bei Weitem nicht so gut besucht war.

Thüringer Hof

Wir gehen die Gartenstraße hinunter und machen einen Abstecher ins heutige Salamanca, den früheren Thüringer Hof. Die Mitarbeiter der sich in der Nachbarschaft befindlichen Spedition haben damals im Thüringer Hof regelmäßig ihren Lohntütenball gefeiert. Der Thüringer Hof hatte wie viele andere Kneipen eine Musikbox. Zur Gaststätte gehörte ein Schäferhund, der sich selten bis nie regte und zumeist auf dem Boden lag. Bei dem Lied „Sabine Sabine" der deutschen Band Trio heulte er jedoch auf und legte sich nach dem Lied wieder hin, was für viele Gäste Grund genug war, diesen Song zu spielen.

Weiter geht es zur Angerstraße, vorbei am ehemaligen Bellawupdich, das Wolfgang und Angela nach der Bine Gassmann bewirtschafteten.

Bevor wir in der Kurve der Groner-Tor-Straße 27 in der Kleinen Kommende einkehren, besuchen wir für einen Moment die Kneipe Alt-Göttingen in der Groner-Tor-Straße 9, die seit den 70er-Jahren existiert. Hier trafen sich zeitweise die Fußballer von Göttingen 05 zu Zeiten von „Bomber Brendel", dem legendären Stürmer des Göttinger Traditionsvereins.

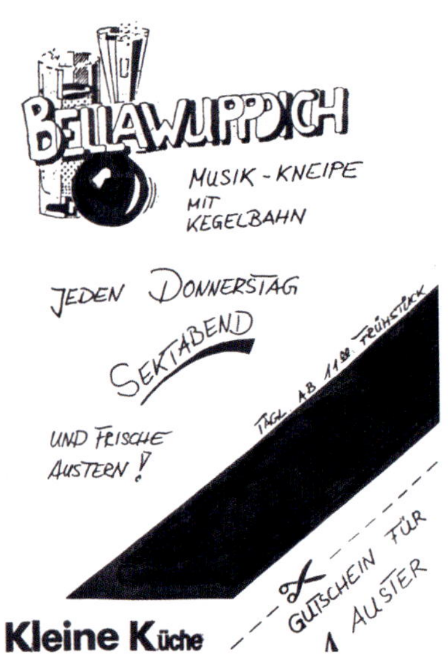

Kleine Kommende

Zurück in Richtung Innenstadt geht es in die Kleine Kommende, die am 2. März 1979 eröffnet wurde. Davor war in den Räumlichkeiten eine Schmiede. Den kirchlichen Namen hat die Kneipe von der nicht weit entfernten ehemaligen Kommende des Deutschen Ordens. Dass es sich im wahrsten Sinne um eine kleine Kommende handelt, sieht man, wenn man die Gaststätte betritt. Mehr als 30 Menschen finden schwerlich Platz. Es handelt sich um eine klassische Holzkneipe mit urigen Fachwerkbalken.

Da die Kleine Kommende bereits vormittags öffnete, trafen sich hier wie im Maßkrug und einigen anderen Kneipen der Innenstadt viele Menschen nach ihren Einkäufen, um ein paar Biere zu trinken. Beim Essen konnte Anfang der 80er-Jahre zwischen dem Frühstücksteller für 3,50 DM, Mettwurstgedeck für 4,50 DM oder Schinkenplatte für 6,50 DM gewählt werden. In den 90er-Jahren wechselte das Angebot zu verschiedenen Baguettes und Eintöpfen. Heute hat die Gaststätte lediglich abends geöffnet und zu essen gibt es nichts mehr.

In der Groner Straße 12 war der D-Zug in einem der schmalsten Häuser Göttingens. Wegen der langgezogenen Räumlichkeiten glaubte man tatsächlich, sich in einem Zugabteil zu befinden. Draußen stand „Platz für 1000 Mann nach und nach".

40 Jahre
Kleine Kommende
Samstag
02.03.2019 - 21.00 h
Sonntag geschlossen

Just

Von dort geht es in die Düstere Straße 13-14, in der früher Hans Just eine Gaststätte mit dem Namen Just betrieb. Das Just war für seine Soleier bekannt. Der Wirt warf den Gästen das Solei, das sie bestellt hatten, bis zum Tisch. Da galt es aufmerksam zu sein. Stammgästen warf Hans zur Begrüßung oft ein Ei entgegen. Zu den Eiern lieferte Hans eine Menge Essig, Öl und Senf, wenngleich er es überhaupt nicht mochte, wenn die Gäste mit dem Senf verschwenderisch umgingen. Manche bauten mit Streichhölzern sogar einen Scheiterhaufen auf dem Senf, was Hans fuchsteufelswild werden ließ und dazu führte, dass er den Übeltäter sofort aus dem Lokal warf. Hans war allgemein nicht zimperlich.

Die Frau vom Hans arbeitete durchgehend in der Küche und war durch eine kleine Öffnung mit der Kneipe verbunden. Sie war also selten bis nie in der Kneipe zu sehen und nur über diese kleine Luke hat der ein oder andere Gast mitbekommen, wie die Wirtsfrau das Essen zubereitete. Bei einer der kurzen Unterhaltungen durch die Luke sagte Frau Just etwas zu ihrem Hans, was zwei Gäste zu der Äußerung verleitete, dass bei Hans auch das 3. Programm laufen würde (damals gab es in den meisten Haushalten nur zwei Programme im Fernsehen). Hans schmiss die beiden Männer sofort aus dem Lokal. Da diese beiden aber gerne zum Just gingen, verkleideten sie sich kurze Zeit später als Frauen und kehrten erneut bei Just ein. Dieser enttarnte das närrische Treiben und ließ die Männer per Zettel wissen, dass sie aufgeflogen sind und das Lokalverbot bestehen bleibt. Er ließ sie ihr Bier austrinken und das Lokal friedlich verlassen.

Ansonsten schrieb Hans keine Zettel und verfügte über ein phänomenales Gedächtnis, was seine Gäste und deren Essensgewohnheiten betraf. Ebenso beherrschte er gewisse Codezeichen wie ein abgespreizter Finger für einen Kurzen. Sein Musikgeschmack war eher speziell, um es freundlich auszudrücken, denn in der Musikbox sollen sich überwiegend Militär- und Kaiserlieder befunden haben wie z. B. „Preußens Gloria". So verwundert es nicht, dass die Gaststätte als Anlaufstelle für national gesinnte Verbindungsstudenten bekannt war.

Die Böden waren aus Linoleum und auf den Tischen lagen Wachstücher mit Kunstblumen aus. Wie anfangs im Trou befand sich die Toilette auf dem Innenhof und gehörte nicht zu den saubersten. Also eher schlicht und rus-

Angelika Campos de Melo ...

tikal im Vergleich zum Walliser Keller oder anderen vornehmeren Lokalen. Heute ist schwer nachzuvollziehen, dass sich hier eine Kultkneipe befunden hat, denn nicht nur die Gaststätte, sondern auch das Haus existieren nicht mehr.

In der Düsteren Straße gab es in der zweiten Hälfte der 80er-Jahre außerdem das T.o.N. (Theater ohne Namen) mit Gastrobereich, in dem einige Konzerte veranstaltet wurden.

und Paulo Campos de Melo im T.o.N. 1986.

Becherweyde

Von Hans Just und dem T.o.N. gehen wir zurück in die Groner Straße und bevor wir im Nörgelbuff unsere Kneipentour innerhalb des Walls beenden, machen wir einen kurzen Abstecher in die Becherweyde, die sich in direkter Nachbarschaft zum Nörgelbuff befand. Durch einen schmalen Gang kam man zu einer Kupfertheke. Für die Beleuchtung sorgten Kerzen auf den Kupferleuchtern. Insgesamt war die Kneipe in drei Räume geteilt und der größte war mit Spiegeln verkleidet, weshalb viele Besucher sich wie in einem Spiegelkabinett fühlten. Im dritten Raum konnte man sich etwas zurückziehen, was einige zum Skat- oder Doppelkopfspielen nutzten. Wie in so vielen damaligen Kneipen konnte man Baguettes bestellen.

Nörgelbuff

Zum Abschluss gehen wir in den Nörgelbuff in der Groner Straße Nr. 23. Die Geschichte des Kellers reicht bis ins Mittelalter zurück und früher nutzten ihn die Armbrustmacher und Schlachter als Lagerraum. In den 50er-Jahren wurde mit der Plaudertasche erstmals ein Lokal in diesem Keller eröffnet. Göttingen war zu dieser Zeit das „Hollywood Deutschlands", weshalb solch illustre Gäste wie Heinz Erhardt, Curt Jürgens und Hilde Krahl zu Besuch waren. Es wird sogar vereinzelt behauptet, dass das bekannte Lied von Heinz Ehrhardt in dieser Kneipe entstanden sein soll: „Immer, wenn ich traurig bin, trinke ich einen Korn. Wenn ich dann noch traurig bin, trinke ich noch 'nen Korn. Wenn ich dann noch traurig bin, trinke ich noch 'nen Korn. Wenn ich dann noch traurig bin, fange ich an von vorn." Eine weitere Besonderheit soll der „Verlobungsbogen“ gewesen sein. Wer durch diesen tanzte, musste sich am gleichen Abend verloben.

Aus der Plaudertasche ging in den 60er-Jahren der Künstler- und Weinkeller Intermezzo hervor und es kam erstmals zu Live-Auftritten in der Gaststätte, wenngleich nicht in vergleichbarem Umfang wie im späteren Nörgelbuff, der am 28. Mai 1970 eröffnete.

Von Berliner Studenten gegründet, um Göttingen „einen Hauch von Großstadt zu verleihen“, ist der Nörgelbuff untrennbar mit dem früheren Geschäftsführer Rolf Linnemann verbunden. Dieser empfand die Göttinger Studenten als Menschen, die zu viel nörgelten. Da er zu seinen Berliner Zeiten „Buff“-Geschichten über eine Art Kobold - den Buff - schrieb, schuf er den Namen Nörgelbuff. Die Bedeutung dieses Namens schien in Göttingen damals durchaus geläufig, denn schon Claus Theo Gärtner nannte das Hotel über dem Auditorium Minimum ein altes muffiges Nörgelbuff. Nörgelbuffe nach Rolf Linnemann sind jedoch „kleine intellektuelle, trinkfeste Kobolde, die zu besonderen Anlässen Frauen in den Hintern kneifen“. Später entstand von Kurt Halbritter die berühmte Nörgelbuff-Karikatur mit dem Text: „Schau Junge, mein Großvater war Nörgelbuff, Vater war Nörgelbuff und ich, dein Vater, bin auch Nörgelbuff - gibt dir das nicht zu denken?“

Das anfängliche Live-Programm des Nörgelbuffs bestand überwiegend aus Folkmusik und Kabarett, da die Betreiber gute Kontakte zur der damaligen Szene in Berlin besaßen. So traten in den 70er-Jahren spätere Berühmtheiten wie Otto Walkes, Hannes Wader, Reinhard Mey, Insterburg & Co., Werner Lämmerhirt, Ulrich Roski, Franz Josef Degenhardt und andere im Nörgelbuff auf. Es war bei vielen Konzerten sehr voll. Bei einem Auftritt von Werner Lämmerhirt im November 1977 war der Keller dermaßen überfüllt, dass keine Leute mehr reingelassen wurden. Selbst Leute mit Karten aus dem Vorverkauf konnten nicht mehr hinein. Nicht nur deutsche Liedermacher, sondern viele Blues- und Folk-Größen kamen ins Nörgelbuff. Der amerikanische Blues-Sänger Junior Wells war ebenso wie die irische Band Clannad im Nörgelbuff zu Gast. Von 1973 bis 1988 wurden verschiedene Nörgelbuff-Live-Sampler auf Schallplatten herausgebracht.

Die Band Panzerknacker, heute Bernd & Bernie, spielen seit 1977 bis heute mindestens einmal im Jahr im Nörgelbuff. Die Panzerknacker waren eine Göttinger Institution und spielten bei Weitem nicht nur im Nörgelbuff, sondern gehörten zum festen Bestandteil auf den Altstadtfesten und wurden von den verschiedensten Lokalen in Göttingen eingeladen.

Neben der Musik und dem Kabarett etablierte Rolf Linnemann Lesungen im Nörgelbuff. Neben Tucholsky-, Brecht- und Ringelnatz-Texten gab es den Mittmachabend mit ausliegenden Zetteln, auf die eigene oder bekannte Gedichte geschrieben werden konnten. Linnemann betreute darüber hinaus verschiedene Gruppen und eine bestand aus Hebammen-Auszubildenden. Als diese ihre Abschlussprüfung bestanden hatten, veranstaltete Rolf Linnemann die „Nacht der langen Finger - das 1. Göttinger Hebammenfestival“ und ließ das im Veranstaltungskalender des Göttinger Tageblattes veröffentlichen. Das brachte die Kreishebamme auf den Plan, was wiederum am 14. Juni 1972 zu einem Hearing im Nörgelbuff

Gründungsformation der Panzerknacker in den 70er-Jahren beim Auftritt im Nörgelbuff, v. l. n. r.: Bernd Lünser, Ulrich Herzog, Rainer Greffrath, David J. Paz.

mit dem Titel „Der Antibuffismus in unserer Zeit" - Solidarität mit den Hebammen - „Euer Kampf ist auch unser Kampf" und zu einer Demo durch die Stadt führte.

Ein paar Monate zuvor, im März 1972, fand ein Folklore-Marathon im Nörgelbuff statt, bei dem Tony Oakes und Chris Halsall 33 Stunden ohne Unterbrechung Rock- und Folkloremusik spielten.

Als Verstärker diente eine etwas größere Wohnzimmer-Hifi-Anlage und wie damals in Kneipen üblich lagen im Nörgelbuff Schmalzbrote aus. Neben den vielen und früher fast

David J. Paz von den Panzerknackern, 1979.

täglich stattfindenden Livekonzerten wurde bereits in den 70er-Jahren die Spielstunde am Montag begründet, die bis heute als Open-Stage-Bühne im Nörgelbuff existiert: eine offene Bühne für Musiker, die ihr Können oder Nicht-Können präsentieren. Wer zuerst auf die Bühne ging, durfte so lange spielen, wie es das Publikum wollte, was bei manchem zu spät gekommenen Musiker dazu führte, dass er nicht mehr zum Zuge kam. Beim legendären Fin, Stammgast im Nörgelbuff, soll es dazu geführt haben, dass er mit gefüllten Biergläsern warf, wenn er nicht mehr auf die Bühne durfte. Möglicherweise war es seine Hartnäckigkeit, die dazu beitrug, dass er seit Mitte der 70er-Jahre regelmäßig im Nörgelbuff spielte und ab 1978 mit eigener Band auftrat.

Es wurden auch verschiedene Wettbewerbe veranstaltet und kleine Preisgelder ausgegeben.

Der Nörgelbuff war nicht nur in Göttingen als Musik-, Literatur und Kabarettbühne bekannt. Die Hamburger Morgenpost schrieb einst: „Zu beneiden sind die Göttinger um diese Studenten-Kneipe, die viel mehr als nur eine Kneipe ist."

Anfang der 90er-Jahre kam es zu einem kurzen Namens- und Pächterwechsel und der Nörgelbuff hieß zeitweise Con Cave. Niemand wusste, ob die Kneipe jemals wieder an alte Zeiten anknüpfen können würde. Der Auftritt der Berliner Frauen-Independentband Lemonbabies sorgte schließlich für eine Wiederbelebung des Nörgelbuffs und einen unerwarteten Besucheransturm. In der Folge kamen erneut viele überregionale Bands in den engen, aber gemütlichen Keller, der zu einer bekannten Adresse für Blues- und Soulmusik in Südniedersachsen wurde. Aber auch anderes Publikum sollte angelockt werden. In der Tradition der Plaudertasche aus den 50er-Jahren haben in den 90er-Jahren die ersten Schlagerpartys Göttingens stattgefunden.

Hier endet unsere Kneipentour durch die Innenstadt. Abschließend möchte ich über die wichtigsten Lokalitäten außerhalb der ehemaligen Stadtmauern berichten.

Im Süden Göttingens

Center

Im Rosdorfer Weg 4 gab es mit dem Forum eine weitere verwinkelte Kellerkneipe. Im Rosdorfer Weg 22 besuchten in früheren Zeiten einige Menschen die Kneipe Zum Letzten Heller. Der absolute Hotspot war der Rosdorfer Weg 42. Angefangen hat alles mit dem Centre bzw. Center, gesprochen „Kenter“, wie es alle nannten. Als Jazz-Lokal ging es wie viele andere berühmte Göttinger Gaststätten aus einer studentischen Initiative hervor. Die dortigen Betreiber um George Bodenstein gründeten später das Apex. Es traten einige berühmte Jazz-Größen auf. Wie es sich für eine ordentliche Kneipe gehört, wurde reichlich getrunken und der ein oder andere machte dem Namen der Kneipe alle Ehre, indem er dort „kenterte“. Aus dem Center ging das Podium hervor, das auch Opium oder Dopium genannt wurde, weil neben allerhand alkoholischen Getränken das eine oder andere betäubende Rauschmittel konsumiert wurde. Direkt neben Center und Podium gab es Kneipen mit Namen wie Zum Anker oder Foyer.

Nach dem Podium erfolgte ein Umbau. Im Rosdorfer Weg 42 eröffnete mit dem Flic Flac ein neuer beliebter Treffpunkt in der Südstadt. Von Mittwoch bis Samstag war Disco-Betrieb. Mittwochs lief Funky-Beat, donnerstags war Oldie-Night und Happy Hour, freitags wurde es rockiger und der Samstag glänzte unter dem Stern der damaligen Pop- und Chartmusik. Der Dienstag stand regionalen Bands für Live-Auftritte zur Verfügung. Aus dem Flic Flac wurde das nicht weniger beliebte Flip 42 und spätere Partyhouse.

In der Leinestrase waren die Kneipen Kleinbahnklause, Unionschanke, Keplerstube und Schluckspecht beheimatet.

Alte Börse

Neben dem Rosdorfer Weg beherbergte die Reinhäuser Landstraße einige berühmte Gaststätten. In der Nr. 18 existierte die Zeise und später die Alte Börse. Die Alte Börse war mittags ein kleines Restaurant, in dem es ein reichhaltiges und fortlaufend wechselndes Angebot der ausgefallensten Gerichte gab. Abends verwandelte sich das Lokal in eine gut besuchte, lebhafte Kneipe. Die Öffnungszeiten waren von 12:00 bis 14:30 Uhr und von 18:00 bis 1:00 Uhr.

Cirkel

Direkt daneben befand sich der Cirkel. Finanziell von der Binding Brauerei unterstützt, wurde diese Disco mit knalligen Farben und moderner Einrichtung Anfang der 70er-Jahre gegründet. Anfangs war die Disco gut besucht, doch in der zweiten Hälfte des Jahrzehnts lief der Laden nicht mehr so gut und hätte wahrscheinlich aufgegeben werden müssen, wären nicht die Gebrüder Weitemeyer gewesen. Sie suchten ein neues Lokal und nahmen die Werbung für den Cirkel in die Hand, indem sie Handzettel verteilten. So dauerte es kein halbes Jahr und das Lokal war wieder gut besucht. Vor allem Studenten gehörten zum Publikum. Mit dem immer größer werdenden Andrang konnten sogar 5,- DM Eintritt mit Clubkarte abkassiert werden. Jörg Weitemeyer arbeitete als Kellner und Jonny K. war zumeist der DJ. Jonny bekam für seinen Auftritt neben dem Lohn jeden Abend zwei Liter O-Saft und einen Liter Rum. Eines Abends war er so betrunken, dass er mit dem Kopf auf dem Plattenteller landete und nicht mehr zu bewegen war.

Der Club sollte nur für etwa ein Jahr wiederbelebt werden. Die Besitzer zahlten nämlich keine Steuern, sodass die Steuerfahndung hinter ihnen her war und der Cirkel seine Türen schließen musste. Aus dem Cirkel wurde mit dem Big Apple in den 80er-Jahren ein Schwulenlokal. Über eine Klingel konnte um Einlass gebeten werden. Wenn man es geschafft hatte hineinzukommen, bekam man einen Zettel, auf dem jedes Getränk notiert wurde, sodass man erst zum Ende bezahlen musste. Mit diesem System sollte die Gaststätte ein Vorreiter für die Clubs kommender Generationen werden.

Deutscher Garten

Wieder nur ein Haus weiter befand sich die historische Gaststätte Deutscher Garten, die aus der Ausspannwirtschaft Ebelscher Krug hervorging. Früher überwiegend von den Frachtfuhrleuten und der Landbevölkerung genutzt, war es seit dem 19. Jahrhundert das Stammlokal der Corps Hannovera, deren Mitglied u. a. Bismarck war. Wie beim Bullerjahn gibt es ein eigenes Lied über den Deutschen Garten. Das haben aber nicht die Toten Hosen komponiert, die hier 1984 bei ihrer Tour „Heinos Rache" für 10,- DM Eintritt aufgetreten sind.

Wieder nur ein paar Häuser weiter in Richtung Süden kommen wir an der Ecke Riemannstraße ins Le Bistro. Das Lokal auf zwei Etagen war tagsüber eher ein Café mit vielen verschiedenen Zeitungen und Journalen und verwandelte sich erst zur späten Stunde in eine sehr belebte, linkspolitische Szenekneipe. Es hat zwar mit dem französischen Namen geworben, aber den meisten ist nur die französische Zwiebelsuppe in Erinnerung geblieben.

Neben vielen anderen Kneipen gab es in der Schillerstraße 68 das Schillereck, in der Danziger Straße die Oase (Nr. 49) und den Sollinger Hof (Nr. 54), in der Stettiner Straße 45 die Kajüte und in der Reinhäuser Landstraße 173 den Fuchsbau.

Theaterkeller

Bevor wir den Süden Göttingens verlassen, gehen wir noch in den Theaterkeller. Angefangen hat alles 1964 mit der Gründung des Vereins der Freunde des Jungen Theaters, um im Keller des damaligen Jungen Theaters in der Geismar Landstraße 19 eine Kneipe eröffnen zu können. Der Theaterkeller sollte an diesem Ort selbst das namensstiftende Junge Theater überleben, das 1976 in die Hospitalstraße zog. Bis in die 80er-Jahre war der T-Keller, wie er heute genannt wird, Auftrittsort vieler bekannter Jazz- und Bluesgrößen. Er verstand

Im Osten Göttingens

Eddas Klause

In der Bühlstraße 34 oberhalb des Deutschen Theaters lag in den 70er-Jahren die Gaststätte Zum Römer, die von Eddas Klause abgelöst wurde. Diese Kneipe fiel durch die weithin sichtbare Außenbeleuchtung auf. Neben den Mitarbeitern des Theaters waren es vor allem Menschen der näheren Umgebung, die hier gerne Doppelkopf oder Skat spielten oder einfach nur gemütlich ein Bier tranken. Die Kneipe bestand nur aus einem Raum. Neben Baguettes und Suppen gab es kalte Koteletts und Frikadellen, die jeden Tag von Edda frisch zubereitet wurden.

Theater-Bistro

Die Leute aus dem Deutschen Theater mussten nicht zu Edda, denn bei ihnen im Haus residierten im Laufe der Zeit so einige Gaststätten wie der Theater-Keller und das Theater-Bistro. Neben Musiktheater wurden viele Konzertabende und gelegentlich Partys veranstaltet. An solchen Abenden verwandelte sich das Bistro in eine gesellige Kneipe. In den 80er-Jahren hieß es zeitweise make up, eine American Bar, die ein wenig schrill und extravagant war. Alle Barhocker, Stühle, Tische und selbst die rechteckige Mitteltheke mit gläserner Zapfsäule waren in weiß gehalten. An den Wänden hingen Grafiken und Werbeplakate nobler Marken. Wie heute im DT-Bistro war der Innenhof ein beliebter Treffpunkt direkt am Wall. Neben verschiedenen Biersorten wurden Cocktails und Champagner ausgeschenkt.

In der Von-Ossietzky-Straße 28, kurz vor dem Stadtwald, gab es von jeher verschiedene Tanzlokale wie Joke Tanzbar, Tanzcafé Alexander, Bon Bon Tanzbar und Zum Cario.

Die Gutenbergterrasse in der Gutenbergstraße gehörte zu den ersten Discos, wenngleich sie die meiste Zeit eine sehr beliebte und gut gefüllte Kneipe war.

Das Hanseneck in der Hansenstraße 1b sollte nicht unerwähnt bleiben. Ebenso wenig wie die Hainbergschänke im Hainholzweg 36.

Traditionelle Ausflugsziele

Im Osten, oberhalb der Stadt, befindet sich der Hainberg als Teil des Göttinger Stadtwaldes. Seit jeher ist der Hainholzhof bzw. das Jägerhaus am Kehr und sein Biergarten eines der beliebtesten Ausflugsziele in Göttingen. Direkt am Wildgehege gelegen und nicht weit vom Bismarckturm, der Sternwarte am Hainberg sowie dem Kerstlingeröderfeld, handelt es sich um eine Gaststätte inmitten des Göttinger Naherholungsgebietes. Heute wird zumeist nur noch der Biergarten geöffnet. Wie kommt es aber zu der Bezeichnung „Am Kehr“,

Der Hainholzhof (oben) und das Jägerhaus am Kehr (unten).

die wohl allen Göttingern bekannt ist, die sich schon einmal auf den Weg durch den Göttinger Stadtwald nach dort oben gemacht haben? Sie erinnert an den ehemaligen Gastwirt Christoph Friedrich Ernst Kehr, einem der vielen Göttinger Originale. Doch nicht nur Kehr findet sich bis heute in einer berühmten Göttinger Gaststätte wieder. Die ehemalige Kultdisko Bine Gassmann erinnerte an die ehemaligen Antiquitätenhändlerin in der Paulinerstraße, das wohl bekannteste Göttinger Original. Der Szültenbürger trägt bis heute den Namen eines nicht minder bekannten Originals, denn Schorse Szültenbürger ist das literarische Ich des Bäckermeisters Ernst Honig, der im damals überall in Göttingen gesprochenen Plattdeutsch humoristische Geschichten verfasst hat.

Den Gastwirt Kehr möchte ich jedoch ein wenig ausführlicher behandeln, da er selbst eine Gaststätte betrieb, die bis heute seinen Namen trägt. Er war kein Ur-Göttinger und kam in der ersten Hälfte des 19. Jahrhunderts aus Hessen nach Göttingen, um hier lange und erfolglos zu studieren. Dieses Schicksal teilte er mit so vielen anderen Kneipenwirten der späteren Zeit und entschied sich, eine Gastwirtschaft zu betreiben. So übernahm er den Hainholzhof und anfangs sehr motiviert bot Kehr so ziemlich alles an, was das damalige Herz begehrte. Im Laufe der Zeit verlor er jedoch die Motivation, das ganze Essen und die vielen Getränke den steilen Berg hinauf zu transportieren und blieb wie ein Einsiedler zumeist oben und betrieb neben der Gastwirtschaft eher kläglich statt ertragreich Ackerbau. So hatte er nur noch Schnaps, Limo und Käsestullen im Angebot, die nicht jeder mochte. Kehrs Erscheinungsbild soll dem des Rübezahls geähnelt haben und sein Ochse soll dermaßen unterernährt gewesen sein, dass dieser einer Legende zufolge einem im Stall untergebrachten Pferd eines Besuchers den Schweif abgefressen haben soll. So kam es zur Formulierung: „Kehrs Ochse kann englisieren“, denn in England war es zu dieser Zeit eine Mode, Pferden den Schweif kurz zu schneiden.

Kehr betrieb den Hainholzhof zu einer Zeit noch bevor unser ehemaliger Bürgermeister Merkel – der übrigens länger im Amt war als seine Namensvetterin, die spätere Bundeskanzlerin – den Weg aus der Stadt auf den Hainberg aufforsten ließ. Es handelte sich also noch um einen kahlen und unbewaldeten Muschelkalkberg. Für heutige Ausflügler kaum vorstellbar, denn vor allem der Weg durch den Göttinger Stadtwald motiviert viele Göttinger dazu, den beschwerlichen Anstieg auf sich zu nehmen.

Mit der Universität etablierten sich vor mehr als 200 Jahren Gaststätten, die sich auf den Besuch von hungrigen Studenten einstellten. Einige der Gaststätten, die etwas außerhalb von Göttingen lagen, wurden von Frauen betrieben, die von den Studenten liebevoll mit dem Zusatz Mutter benannt wurden. So gab es unter anderen Mutter Koch in Weende mit ihrem berühmten Bärenschinken, in Nikolausberg Mutter Vollbrecht, in Dransfeld Mutter Lohmann, in Hardegsen Mutter Henriette Ellierodt, auch „Pfannen-Jettchen“ genannt, und an der Haltestelle Eichenkrug der Gartetalbahn Mutter Specht. Mit Mutter Jütte aus Bremke überlebte einer dieser Kneipennamen sogar bis in die Gegenwart, wenngleich die eigentliche Mutter Jütte natürlich nicht mehr lebt. Sie eröffnete das Gasthaus im 19. Jahrhundert und ihr Speise- und Getränkeange-

Das Gasthaus Jütte wurde von der Göttinger Bevölkerung zumeist nach der ersten Inhaberin einfach „Mutter Jütte“ genannt. Bereits im 19. Jahrhundert pilgerten Studenten hierher. Dieses traditionsreiche Gasthaus, das allen Göttinger Kneipengängern ein Begriff sein sollte, schloss 2022 den gastwirtschaftlichen Betrieb.

bot lockte immer mehr Studenten an. Einige Verbindungen trugen hier im hinteren Saalbau sogar ihre Mensuren aus. Durch Mutter Jütte wurde Bremke – wie die anderen oben erwähnten Orte – zu einem der Göttinger Bierdörfer, zu denen die Studenten entweder zu Fuß oder mit dem Pferd pilgerten. Einer Legende zufolge soll das Pferd von Bismarck bei einem Ausritt dorthin eine Gans eines „Gänseliesels“ totgetreten haben. Das Mädchen soll daraufhin den späteren Reichskanzler dermaßen bedroht haben, dass dieser nicht umhin kam, dem „Gänseliesel“ den verlangten Taler als Entschädigung auszuhändigen. Bismarck war in seinen drei Semestern in Göttingen ein überaus fleißiger Kneipengänger.

Das traditionsreiche Gasthaus Jütte schloss 2022 den gastwirtschaftlichen Betrieb, womit eine weitere Kultkneipe dem allgemeinen Kneipensterben zum Opfer fiel. Der Kehr und Mutter Jütte gehören definitiv zu den Gaststätten, die jeder Kneipengänger der 60er- bis 90er-Jahre kennt, und mit diesen beiden Ausflugslokalen möchte ich unseren Ausflug über die Stadtmauern Göttingens beenden.

Ein Wort zum Schluss

Göttingen hatte eine immens große Vielfalt und Dichte an Kneipen, die durch das allgemeine Kneipensterben heute so leider nicht mehr vorhanden sind. Wie es sich für eine Universitätsstadt gehört, wurden viele der berühmtesten Kneipen von Studenten ins Leben gerufen, aber längst nicht alle Lokale waren reine Studentenkneipen, sondern sie wurden ebenso rege von den Einheimischen besucht. Einige Kultkneipen haben bis heute überlebt, doch die Anzahl ist eher überschaubar und bei weitem nicht mit früheren Zeiten zu vergleichen. Allein die Vielzahl an Clubs, die es in der Stadt gegeben hat, lässt viele der heutigen Nachteulen neidisch auf die letzten Jahrzehnte zurückblicken.

Sicherlich haben die modernen Errungenschaften wie Handys und Internet dazu beigetragen, dass heute weniger Menschen Kneipen und Clubs besuchen. Kneipen galten als Treffpunkt für viele Singles, die hofften, einen Partner zu finden, was ja oft auch klappte. Es war eben eine Zeit, in der man sich mehr gegenüber- oder nebeneinandersaß. Fast überall wurde geraucht und die Hygienevorschriften und behördlichen Einschränkungen hielten sich in Grenzen. Es waren eben Dinge möglich, die inzwischen kaum mehr vorstellbar sind.

Freunde verabredeten sich regelmäßig zum Skat- und Doppelkopfspielen in den Kneipen und ließen dabei hin und wieder die Musikbox laufen. Für viele war der Stammtisch ein fester Termin in der Woche. „Komm, lass uns mal ein Bier trinken gehen!" Ist es wirklich so, dass man diese Aufforderung an den Freund oder die Freundin nur noch selten hört?

Ich selbst erinnere mich an längst vergangene Dinge wie Telefone mit Wählscheibe. Aus dieser Zeit habe ich noch Musikkassetten mit von mir aufgenommenen Liedern. Wer kann sich nicht an den ärgerlichen Bandsalat erinnern, wenn die Kassetten im Recorder hängen blieben? Meine ersten Fernseherfahrungen waren schwarz-weiß und den Fernseher habe ich als unbeschreiblich groß und schwer in Erinnerung. Die Supermärkte waren relativ leer und es war eben nicht möglich, sich mit ein paar Fingerbewegungen in eine andere Welt zu bewegen. Vielleicht gab es dadurch eine größere Wertschätzung der alltäglichen Dinge?

Die Kneipe jedenfalls war und ist der Ort der Geselligkeit und des Austauschs, weshalb sie wohl nie gänzlich verschwinden wird. Es hätten viel mehr Geschichten und Anekdoten erzählt werden können und den ein oder anderen Leser wird es ärgern, dass seine geliebte Kneipe nicht den ihr gebührenden Platz bekommen hat. Manche Kneipe wird vielleicht sogar unentdeckt und somit unerwähnt bleiben. Den Anspruch, wirklich jede Kneipe zu finden, die es in den vier Jahrzehnten gab, habe ich irgendwann aufgegeben, denn ansonsten wäre ich mit diesem Buch nie fertig geworden. Gerne können Sie mich kontaktieren, wenn Ihnen weitere Geschichten und Anekdoten zum Thema einfallen, und wer weiß, vielleicht gibt es in den kommenden Jahren einen zweiten Band!

Jeder von uns hat seine Geschichten und dieses Buch dient als Anregung, sich zu erinnern und die teilweise verrückten, skurrilen und kaum mehr vorstellbaren Erlebnisse erneut mit Leben zu füllen. Ich hoffe, es ist mir gelungen, Sie auf eine unvergessliche Zeitreise durch die Kneipenszene der 60er- bis 90er-Jahre zu führen!